La Inglaterra moderna temprana

Un apasionante repaso a los Tudor, los Estuardo, el Renacimiento, la Reforma y otros acontecimientos que dieron forma a la Inglaterra de la Edad Moderna

© Copyright 2023

Todos los derechos reservados. Ninguna parte de este libro puede ser reproducida de ninguna forma sin el permiso escrito del autor. Los revisores pueden citar breves pasajes en las reseñas.

Descargo de responsabilidad: Ninguna parte de esta publicación puede ser reproducida o transmitida de ninguna forma o por ningún medio, mecánico o electrónico, incluyendo fotocopias o grabaciones, o por ningún sistema de almacenamiento y recuperación de información, o transmitida por correo electrónico sin permiso escrito del editor.

Si bien se ha hecho todo lo posible por verificar la información proporcionada en esta publicación, ni el autor ni el editor asumen responsabilidad alguna por los errores, omisiones o interpretaciones contrarias al tema aquí tratado.

Este libro es solo para fines de entretenimiento. Las opiniones expresadas son únicamente las del autor y no deben tomarse como instrucciones u órdenes de expertos. El lector es responsable de sus propias acciones.

La adhesión a todas las leyes y regulaciones aplicables, incluyendo las leyes internacionales, federales, estatales y locales que rigen la concesión de licencias profesionales, las prácticas comerciales, la publicidad y todos los demás aspectos de la realización de negocios en los EE. UU., Canadá, Reino Unido o cualquier otra jurisdicción es responsabilidad exclusiva del comprador o del lector.

Ni el autor ni el editor asumen responsabilidad alguna en nombre del comprador o lector de estos materiales. Cualquier desaire percibido de cualquier individuo u organización es puramente involuntario.

Tabla de contenidos

INTRODUCCIÓN 1
CAPÍTULO 1: ¿QUIÉNES ERAN LOS TUDOR? 4
CAPÍTULO 2: ¿QUIÉNES ERAN LOS ESTUARDO? 13
CAPÍTULO 3: LA MONARQUÍA EN LA INGLATERRA MODERNA TEMPRANA 21
CAPÍTULO 4: PERSONAJES INGLESES RELEVANTES DE 1485 A 1714 35
CAPÍTULO 5: EL RENACIMIENTO 44
CAPÍTULO 6: LA REFORMA Y ENRIQUE VIII 54
CAPÍTULO 7: EXPLORACIÓN Y COMERCIO 63
CAPÍTULO 8: EL PROTESTANTISMO Y SU CRECIMIENTO 70
CAPÍTULO 9: LEY(ES) Y ORDEN 79
CAPÍTULO 10: REVOLUCIÓN Y REBELIÓN 88
CAPÍTULO 11: LA ESTRUCTURA DE LA SOCIEDAD 98
CAPÍTULO 12: BATALLAS Y GUERRAS EN EL EXTRANJERO 106
CAPÍTULO 13: ESCOCIA Y GALES 115
CAPÍTULO 14: LA CUESTIÓN IRLANDESA 124
CAPÍTULO 15: CONQUISTA Y COLONIZACIÓN 134
CAPÍTULO 16: LA CONTINUACIÓN DEL IMPERIO 142

CONCLUSIÓN 151
VEA MÁS LIBROS ESCRITOS POR ENTHRALLING HISTORY 154
BIBLIOGRAFÍA 155

Introducción

La Inglaterra moderna temprana.

El propio nombre sugiere algún tipo de progreso. La palabra «moderno» nos hace pensar en este periodo como el primer paso en el proceso de desarrollo que acabaría transformando a Inglaterra en la sociedad moderna de hoy. Pero, ¿es eso cierto?

La idea de que existe una especie de división tajante entre la Edad Media y los primeros años de la era moderna es una ficción. La batalla de Bosworth, en 1485, supuso el fin de la dinastía Plantagenet y el comienzo de los Tudor, pero el cambio de dinastías gobernantes no puso fin automáticamente a la sociedad medieval. La transformación de una nación es un proceso mucho más lento.

En lugar de ver la Inglaterra de principios de la Edad Moderna como el fin absoluto de la sociedad medieval y el duro comienzo de la sociedad moderna, puede ser útil considerar todo este periodo como una época de transición. Fue un periodo de conexión que condujo a Inglaterra desde la Edad Media a la era moderna, pero tardó más de doscientos años en hacerlo.

En este libro, aprenderá sobre los cambios graduales que tuvieron lugar en la sociedad inglesa desde 1485 hasta 1714 y cómo esos cambios condujeron a la Inglaterra moderna que conocemos hoy. Todo, desde la economía a la religión, pasando por el gobierno, fue cambiando durante esta época, pero esos cambios tardaron décadas, y el viaje es diferente a lo que imaginamos. La historia real es mucho más complicada que eso.

Por ejemplo, ¿sabía usted que los juicios por brujería tuvieron lugar en esta época, pero no en la Edad Media? Hasta aquí la idea de que solo el derecho medieval podía ser ignorante y cruel. Además, Shakespeare, ese tipo pretencioso que todo el mundo tenía que leer en la escuela, no era especialmente sofisticado. Sus obras entretenían al público y algunos las consideraban escandalosas. Era, en efecto, la época del Renacimiento, pero no todo era pensamiento ilustrado y arte de alto nivel.

Luego está el asunto del imperio de Inglaterra. Inglaterra comenzaría a construir su imperio colonial en este periodo, aumentando enormemente su riqueza e influencia. La colonización del Nuevo Mundo conectó el mundo hasta un punto inimaginado, pero también hubo muchos lados oscuros en esta expansión. Los nativos, los esclavos africanos e incluso los siervos contratados por Inglaterra fueron tratados de forma horrible y perdieron la vida en aras del progreso del imperio.

Otro ejemplo de cambios complicados es la religión. La Reforma supuso la introducción de muchas nuevas denominaciones del cristianismo, que agrupamos bajo la etiqueta de protestantismo. Con el tiempo, tantas opiniones religiosas diferentes forzaron la tolerancia religiosa, pero se tardó bastante en llegar a ella. En el período inmediatamente posterior (y por inmediato nos referimos a los doscientos años siguientes, más o menos) a la Reforma, la tolerancia religiosa se consideraba algo malo. Muchas personas fueron asesinadas, se aprobaron leyes discriminatorias e incluso se produjeron revoluciones a gran escala debido a la extrema falta de tolerancia religiosa.

Así que, si piensa que la Inglaterra de principios de la Edad Moderna fue una época en la que Inglaterra caminaba hacia la luz y salía de la «oscuridad» de la Edad Media, piénselo de nuevo. La historia de cualquier tiempo y lugar implica cambios, pero ese cambio rara vez es solo bueno o malo. Cuando lea sobre esta época, recuerde que no es la historia del inevitable progreso humano. Es la historia de una nación real y de gente real. Inglaterra hizo algunos avances durante este periodo, pero también hay algunos puntos bajos y otras cosas que no son ni buenas ni malas.

¿Es la Inglaterra moderna temprana un nombre adecuado, o es un título engañoso diseñado para hacernos creer que este periodo fue más progresista de lo que realmente fue? Depende. ¿Qué es lo que considera una marca de la sociedad moderna? ¿Es una mayor libertad personal, un gobierno burocrático, un mundo más conectado económicamente, una sociedad menos basada en la agricultura, o algo más? Mientras lea sobre los distintos acontecimientos y tendencias de esta época, considere qué cree que es la modernidad y si puede ver sus raíces en la Inglaterra de principios de la Edad Moderna. En cualquier caso, seguro que descubrirá algo que no sabía sobre el periodo que va de 1485 a 1714 en la historia de Inglaterra.

Capítulo 1: ¿Quiénes eran los Tudor?

Dividir la historia en épocas es tan beneficioso como complicado. Si nos fijamos en una época concreta, como la Inglaterra de principios de la Edad Moderna, tenemos un trozo de información mucho más manejable para explorar, pero inmediatamente se plantea la cuestión de los límites. Si queremos hablar de la Inglaterra moderna temprana, ¿dónde empezamos y dónde terminamos? La segunda pregunta la dejaremos para más adelante, pero tenemos que saber por dónde empezar antes de comenzar a explorar esta época única e interesante.

A grandes rasgos, la Inglaterra moderna temprana abarca desde el siglo XV hasta el XVIII. Sin embargo, «a grandes rasgos» no es suficiente. Si nos limitamos a utilizar fechas aproximadas, los acontecimientos que tienen lugar en la transición entre periodos son difíciles de definir. ¿La guerra de las Dos Rosas forman parte de la Inglaterra moderna temprana solo porque tuvieron lugar en el siglo XV? La mayoría de la gente tiende a considerar que se trata de un acontecimiento medieval. Para evitar este tipo de confusión, los historiadores tienden a trazar líneas en la arena del tiempo cuando dividen la historia en diferentes períodos. Un acontecimiento concreto sirve para marcar el final de una época y el comienzo de otra.

En muchos sentidos, establecer estas fechas estrictas es engañoso. La transición entre estos periodos suele ser el resultado de un cambio gradual más que de un acontecimiento singular. Sin embargo, los acontecimientos singulares nos proporcionan unos límites claros para organizar nuestra historia y unos momentos decisivos que ilustran vívidamente el cambio de los tiempos. En una monarquía como la inglesa, existe un sistema casi incorporado para definir las distintas épocas. Los reinados de varios monarcas se han utilizado a menudo para definir períodos de la historia inglesa, como la era isabelina y la era victoriana, y es este sistema el que solemos utilizar para definir la era moderna temprana. La Inglaterra medieval cayó con la dinastía de los Plantagenet, y la Inglaterra moderna temprana surgió con los Tudor.

¿Quiénes eran los Tudor?

Para nosotros y la Inglaterra moderna temprana, el momento decisivo fue 1485. El lugar fue Bosworth. Tras décadas de luchas internas en la guerra de las Dos Rosas, Inglaterra estaba bajo el control de Ricardo III, de quien se rumoreaba que había asesinado a sus sobrinos para asegurarse el trono. Las Casas de Lancaster y York casi se habían aniquilado mutuamente en su rivalidad por el trono, y parecía que Ricardo III, que era de la Casa de York, era simplemente el último hombre en pie. Sin embargo, quedaba un pretendiente en el bando Lancasteriano: Enrique Tudor.

Si se pregunta quién es Enrique Tudor, no está muy lejos de lo que mucha gente de la época podría haber pensado. Enrique Tudor tenía un dudoso derecho al trono inglés, en el mejor de los casos. Era hijo de Edmund Tudor y Margarita Beaufort. Margarita Beaufort era la bisnieta de Juan de Gante, que inició la Casa de Lancaster y era hijo de Eduardo III. Edmund Tudor era hijo de Catalina de Valois, viuda de Enrique V, y de un galés llamado Owen Tudor. Edmund Tudor era el medio hermano de Enrique VI, el último verdadero rey Lancasteriano. Así, Enrique Tudor podía reclamar el trono tanto por parte de su madre como de su padre.

Si esto suena confuso, no se preocupe; lo es. Nadie creía que Enrique Tudor tuviera un derecho sólido al trono, pero para 1485, realmente no importaba mucho. Todos los que tenían un mejor derecho estaban muertos. Enrique Tudor era el único miembro superviviente del bando Lancasteriano, y decidió intentar arrebatarle el trono a Ricardo III. En 1485, las dos fuerzas se encontraron en Bosworth. Ricardo III era un veterano curtido en las guerras de las Rosas, y Enrique Tudor era un joven con poca experiencia. Si hubiera sido un duelo de uno a uno, no hay duda de quién habría salido airoso, pero por suerte para Enrique, no lo fue. Las fuerzas de Enrique salieron victoriosas, y Ricardo III murió durante la batalla. Enrique Tudor fue pronto coronado como Enrique VII.

Ricardo III en la batalla de Bosworth por James William Edmund Doyle
https://commons.wikimedia.org/wiki/File:A_Chronicle_of_England_-_Page_453_-_Richard_III_at_Bosworth.jpg

Con la victoria de Enrique en Bosworth y la muerte de Ricardo III, Inglaterra vio no solo un cambio de reyes, sino también un cambio de dinastías. Ricardo III era el último de los Plantagenet, una línea que había gobernado Inglaterra durante más de trescientos años. Enrique Tudor inició una nueva línea que conduciría a Inglaterra a través de la Reforma y el Renacimiento. Puede que los Tudor fueran una familia galesa relativamente desconocida al principio, pero se convertirían en una de las familias gobernantes más exitosas y famosas de Inglaterra.

El mito de los Tudor

Comenzando con Enrique VII en 1485 y terminando con la muerte de Isabel I en 1603, los Tudor gobernaron Inglaterra durante 118 años. Comenzaron su reinado al final de las guerras de las Rosas, cuando Inglaterra estaba saliendo de la Edad Media, y los Tudor utilizaron el momento de su reinado en su beneficio.

Si usted piensa que los políticos modernos son los únicos que se preocupan por la imagen, está muy equivocado. Incluso en 1485, los gobernantes se preocupaban constantemente por el mito general que los rodeaba. La propaganda no era una herramienta inventada en el siglo XX, pero sí era un poco diferente en la época de los Tudor. Ser monarca era ser más que una persona. Era ser un símbolo, y los Tudor lo entendieron quizás mejor que cualquier dinastía que gobernara antes que ellos.

Entonces, ¿qué hicieron exactamente los Tudor? Durante la época de los Tudor, la Edad Media fue constantemente pintada como la Edad Oscura. El período medieval era visto como una época de ignorancia, violencia y estancamiento. La descripción del período anterior a su gobierno bajo una luz tan horrible facilitó a los Tudor la presentación de su propio gobierno como una edad de oro. Fueron los gobernantes que salvaron a Inglaterra de la suciedad de la Edad Media y la condujeron a una época de prosperidad.

El hecho de que mucha gente siga pensando en la Edad Media como en la Edad Oscura demuestra lo eficaces que fueron los Tudor a la hora de perpetuar este mito. Pero, ¿cómo lo consiguieron exactamente?

El símbolo que Enrique VII adoptó después de convertirse en rey es un excelente ejemplo de cómo funcionó. Enrique VII tomó la rosa Tudor como símbolo, que es una rosa blanca y roja.

La rosa de los Tudor
Sodacan Esta imagen vectorial no especificada por el W3C fue creada con Inkscape, CC BY-SA 3.0 <https://creativecommons.org/licenses/by-sa/3.0 >, vía Wikimedia Commons: https://commons.wikimedia.org/wiki/File:Tudor_Rose.svg

Esta rosa bicolor sirvió como símbolo de la unión de las Casas de York y Lancaster, cuyo conflicto había provocado la muy sangrienta guerra de las Rosas. Al elegir la rosa blanca y roja como símbolo, Enrique VII recordaba constantemente a todo el mundo que era él quien había puesto fin a la guerra civil y restaurado la paz en Inglaterra. Fue un movimiento político brillante, pero ¿hasta qué punto fue acertado este simbolismo?

La respuesta corta es que no lo es tanto como quisiéramos. La rosa roja y blanca de los Tudor funciona porque combina la rosa roja de los Lancaster y la rosa blanca de los York. El único problema es que las dos casas no utilizaron los símbolos de la rosa de forma prominente. Ambos bandos tenían múltiples familias, así como múltiples estandartes y heraldos. Durante las guerras de las Rosas, los dos bandos opuestos no se enfrentaban bajo estandartes de rosas de diferentes colores.

Entonces, ¿por qué se llaman guerras de las Dos Rosas? Sencillamente, los Tudor tuvieron un éxito increíble al reescribir la historia. La rosa Tudor de Enrique VII, incluso con sus dudosos orígenes, era un símbolo poderoso. Cuando la gente de la época de los Tudor miró hacia atrás, a la caótica guerra civil del siglo XV, le aplicaron el símbolo que conocían, y el conflicto pronto se convirtió en la guerra de las Dos Rosas. Gracias a que Shakespeare inmortalizó esta idea en su obra *Enrique VI, Parte 1*, la idea de que cada bando estaba representado por una rosa de distinto color se ha extendido tanto que la mayoría de la gente cree que es una historia real.

La rosa de los Tudor es solo un pequeño aspecto del mito de los Tudor. La época de los Tudor también vio el gran vilipendio de Ricardo III. Enrique VII fue técnicamente un rey conquistador. Ganó su trono en el campo de batalla, así que para hacer más legítima la reivindicación de los Tudor y evitar que se lo tildara de usurpador, era importante que el rey al que Enrique VII había arrebatado el trono fuera visto de la peor manera posible.

Una vez más, sabemos que los Tudor tuvieron mucho éxito en este aspecto porque la historia no recuerda a Ricardo III con amabilidad. Shakespeare lo retrató como un tirano jorobado que estaba tan ávido de poder que asesinó a sus propios sobrinos por la corona. ¿Quién no preferiría la regla de oro de los Tudor a alguien así? Al pintar a Ricardo III como el peor villano posible (al estar muerto, no podía hacer mucho para defenderse), Enrique VII y sus sucesores fomentaron la idea de que eran los salvadores de Inglaterra.

Ese es el mito de los Tudor. Es la idea de que la Edad Media fue una época verdaderamente oscura y que los Tudor fueron los que sacaron a Inglaterra de esa oscuridad y la llevaron a la luz. ¿Pero por qué es importante el mito de los Tudor? En primer lugar, fue tan eficaz que ha influido enormemente en la forma en que entendemos tanto la Inglaterra de los Tudor como la Inglaterra medieval hasta nuestros días. La llamamos todavía las guerras de las Rosas, Ricardo III sigue siendo considerado uno de los peores reyes de Inglaterra, el periodo medieval se sigue llamando la Edad Oscura y la Inglaterra de los Tudor sigue siendo una época dorada de la historia inglesa.

Conocer el mito de los Tudor es importante a medida que nos adentramos en esta época de la historia inglesa. Algunas de sus ideas preconcebidas sobre esta época pueden verse cuestionadas. Aunque Inglaterra experimentó un gran progreso y crecimiento durante la época de los Tudor, no fue una época completamente dorada, como tampoco lo fue la época medieval.

¿Cómo era realmente la Inglaterra de los Tudor?

Ahora que hemos analizado por qué la época de los Tudor tiende a ser demasiado glorificada en la historia de Inglaterra, consideremos cómo fue realmente el período comprendido entre 1485 y 1603. ¿Es cierta la idea de que fue la edad de oro de Inglaterra?

Como la mayoría de los mitos, el de los Tudor funciona porque hay algo de verdad en él. La época de los Tudor supuso muchos cambios para Inglaterra, y muchos de esos cambios permitieron que Inglaterra se transformara en una potencia mundial que, en 1922, tenía un imperio que se extendía por una cuarta parte del planeta.

El acontecimiento que mejor refleja este cambio es la derrota de la Armada Española a manos de los ingleses en 1588, durante el reinado de Isabel I. Cuando la flota española intentó cruzar el canal de la Mancha para invadir Inglaterra, fue derrotada por la armada inglesa, y la flota española regresó a casa destrozada. Analizaremos los detalles de esta inmensa victoria inglesa en el capítulo 12, pero por ahora, consideremos por qué este acontecimiento fue tan importante y qué nos dice sobre la Inglaterra de los Tudor.

La derrota de la Armada Española fue el momento en que los ingleses tomaron el mando de los mares. El dominio naval que Inglaterra obtuvo en 1588 se mantendría durante los siguientes siglos y es uno de los mayores factores que permitieron a Gran Bretaña convertirse en una potencia mundial. Durante los tiempos venideros de colonización y comercio, el control de las olas por parte de Inglaterra les dio una clara ventaja. Si los ingleses no hubieran destruido la flota española en 1588, probablemente Gran Bretaña no se habría convertido en la principal potencia colonizadora del mundo en los siglos siguientes.

Así pues, la derrota de la Armada Española fue crucial para establecer la preeminencia naval de Gran Bretaña, pero ¿cuánto nos dice sobre la Inglaterra de los Tudor? Esta importante victoria contra una potencia extranjera nos indica algo quizás aún más importante sobre los Tudor. Ellos mantuvieron la estabilidad interna.

Aunque la historia ha exagerado las cosas hasta cierto punto, la Inglaterra medieval era realmente un lugar violento y a veces caótico. Hubo dos guerras civiles (la Anarquía y las guerras de las Rosas), que provocaron la ruptura de la ley y el orden básicos, además de muchos otros conflictos internos menores. Las luchas entre ellos dejaron a los ingleses con poco tiempo para tener un impacto a escala global en la Edad Media. Sin embargo, bajo los Tudor, la monarquía se estabilizó.

Aunque las tensiones religiosas fueron muy fuertes durante la época de los Tudor, nunca estallaron en una guerra a gran escala. En cierto modo, la época de los Tudor fue una edad de oro simplemente porque Inglaterra no tuvo ningún conflicto interno importante. Ciento dieciocho años bajo una única familia gobernante sin grandes disputas internas crearon una Inglaterra más unida, que podía mantenerse fuerte frente a otras potencias extranjeras. La derrota de la Armada Española no solo es significativa por su impacto en el futuro de Inglaterra, sino también por mostrar lo mucho que Inglaterra había sanado bajo los Tudor. La tierra devastada por la guerra de 1485 nunca habría sido capaz de derrotar a la principal potencia europea, pero cien años de relativa estabilidad bajo los Tudor habían creado una nación mucho más poderosa.

Un momento... ¿Significa eso que la era Tudor fue una edad de oro? No del todo. Uno de los principales malentendidos que el mito de los Tudor ha causado sobre esta época es la suposición de que fue mucho más progresista que la Edad Media. La era Tudor fue la época de Shakespeare y del Renacimiento. Fue una época en la que el comercio se expandía e Inglaterra se enriquecía. Sin embargo, eso solo cuenta una parte de la historia. En muchos ámbitos, no existe una división tan marcada entre la Inglaterra medieval y la de principios de la modernidad como el mito de los Tudor nos ha hecho creer.

Por ejemplo, una de las principales razones por las que la Inglaterra de los Tudor no vio un conflicto interno importante fue por la dureza con la que se sofocaron los gérmenes de las rebeliones. Revueltas como la peregrinación de Gracia, la rebelión del libro de oraciones y la rebelión de Kett fueron aplastadas con rapidez y contundencia. Aunque el comercio se expandió y el feudalismo terminó, en la Inglaterra de los Tudor aumentó la pobreza y se mantuvo la estricta división entre las clases sociales. En esta época se produjo la expansión de las escuelas y la educación, pero también un repentino aumento de los juicios a mujeres por brujería. Se hicieron grandes descubrimientos gracias a la exploración, pero también se produjo el aumento de la piratería y el comercio de esclavos.

Así que, aunque la Inglaterra de los Tudor experimentó muchos avances, no fue una época puramente dorada. Ninguna época de la historia lo es. Fue una época de cambios, pero no de puro progreso. El mito de los Tudor es solo eso, un mito.

El legado de la Inglaterra de los Tudor

Aun así, los Tudor cambiaron Inglaterra para siempre. El periodo comprendido entre 1485 y 1603 fue crucial para transformar a Inglaterra en una nación en el sentido moderno de la palabra.

En la época medieval, la estructura del país se basaba en el sistema feudal. Esta estructura jerárquica hacía que cada noble gobernara su tierra y respondiera ante el rey solo cuando era necesario, normalmente en tiempos de guerra. Era una pirámide en la que el rey, y por tanto el gobierno central, estaba en la cima. Esto significaba que el gobierno central tenía un poder relativo.

Durante la era Tudor, el poder del gobierno central creció. En lugar de que cada noble fuera el rey de su pequeño reino en su propiedad, la élite gobernante del país pasaba más tiempo en Londres en puestos gubernamentales. El Parlamento aprobó más leyes y el gobierno se involucró mucho más en la economía. El gobierno inglés se estaba transformando de una estructura piramidal a un árbol en el que el tronco del gobierno central se ramificaba en varias subsecciones.

Esta transformación de los estilos de gobierno era esencial si Inglaterra quería prosperar en el mundo moderno temprano. La nación tenía que ser capaz de actuar con un sentido unificado de identidad e interés en las realidades económicas competitivas del siglo XVI. Los Tudor ayudaron a hacer esto posible ampliando la monarquía para que representara algo más allá de ellos mismos. El monarca ya no era solo una persona. Era la encarnación de Inglaterra. La realidad detrás de ese ideal era un sistema burocrático en constante crecimiento que servía a las necesidades gubernamentales cada vez más complejas de la nación.

Sin embargo, esta expansión del gobierno central no vendría sin sus desafíos. ¿Qué sucedería cuando el monarca y la clase gobernante estuvieran en desacuerdo? La siguiente dinastía gobernante de Inglaterra tendría que responder a esa pregunta.

Capítulo 2: ¿Quiénes eran los Estuardo?

Isabel I es una de las monarcas más recordadas de Inglaterra. Gobernó el tiempo suficiente como para que toda una época llevara su nombre, y la nación prosperó bajo su mandato. Era una monarca muy querida, pero tenía un defecto bastante molesto. Se negó a nombrar un heredero.

Hablaremos más sobre Isabel I, pero si aún no lo sabe, Isabel I fue famosa por ser la Reina Virgen. Nunca se casó y gobernó Inglaterra como única monarca durante casi cuarenta y cinco años. Obviamente, eso significaba que no tenía herederos directos porque no tenía hijos. Tal vez eso no hubiera sido un problema, pero Isabel I también parecía pensar que iba a vivir eternamente. Por mucho que sus asesores la presionaran, Isabel I no quiso nombrar a su sucesor.

¿Era Isabel I una terca irracional? Hasta cierto punto, sí, pero tenía una razón. La corte inglesa era un sistema solar, y todos orbitaban alrededor del monarca. Cuanto más cerca estaba uno de la reina o del rey, más poder tenía. Si Isabel I nombrara un heredero, esencialmente estaría creando un sistema solar secundario. La gente, sobre todo la que no estaba contenta con Isabel, empezaría a acudir al futuro monarca para intentar ganarse su favor en previsión de la muerte de Isabel. Si Isabel nombraba a un sucesor, podría estar empujando a sus oponentes e incluso a sus partidarios a los brazos de un poderoso rival.

Por ello, Isabel I se negó a nombrar un heredero. Sin embargo, llegó el día en que la reina murió.

Los Estuardo

En 1603, Isabel I murió, y aunque pudo aplazar el asunto en vida, el trono tenía que pasar a alguien. Una sucesión poco clara era algo peligroso en una monarquía. En el pasado de Inglaterra, había conducido a una larga y sangrienta guerra civil. Nadie quería que eso se repitiera, por lo que cuando Isabel I murió, sus consejeros ya tenían elegido al siguiente hombre: Jacobo Estuardo, o más bien Jacobo VI de Escocia.

Jacobo I por John de Critz
https://commons.wikimedia.org/wiki/File:James_I,_VI_by_John_de_Critz,_c.1606.png

En cierto modo, Jacobo Estuardo era la elección obvia porque era el pariente de sangre real más cercano a Isabel I. Para entender quién era Jacobo, tenemos que remontarnos al primer rey Tudor: Enrique VII. Enrique VII tuvo cuatro hijos: Arturo, Enrique, Margarita y María. Arturo murió joven antes de tener hijos. Mientras que Enrique VIII era famoso por tener muchas esposas, solo tuvo tres hijos, todos los cuales murieron sin tener hijos para ocupar el trono. Como los nombres de la familia solo se transmitían por la línea masculina, la línea de los Tudor murió con el último de los hijos de Enrique VIII, Isabel I.

Sin embargo, aunque los Tudor ya no estaban, eso no significaba que no quedara nadie que llevara la sangre de Enrique VII. Su tercera hija, Margarita, se casó con Jacobo IV de Escocia. Su nieta fue María, reina de Escocia (había varias figuras importantes que se llamaban María en esta época, así que, para evitar confusiones, siempre se hace referencia a esta María como María, reina de Escocia). María, reina de Escocia era la prima de Isabel I y su pariente de sangre más cercano antes de su muerte en 1587. Tras la muerte de María, reina de Escocia, su hijo, Jacobo Estuardo, se convirtió en el pariente más cercano de la reina inglesa.

Jacobo Estuardo era quien tenía mayor derecho sanguíneo al trono, pero su sucesión no era en absoluto segura. Isabel y la madre de Jacobo no se habían llevado bien. De hecho, Isabel I hizo ejecutar a María, reina de Escocia, por su participación en un complot contra la Corona. No estaba claro si la traición de la madre de Jacobo le impediría heredar el trono.

También estaba la cuestión de que Jacobo era escocés. Jacobo Estuardo era más conocido como Jacobo VI de Escocia. Era el rey de Escocia desde que su madre fue obligada a abdicar en 1567. Escocia e Inglaterra tenían una historia poco amistosa y diferentes iglesias (Escocia era presbiteriana e Inglaterra anglicana). ¿Aceptarían los ingleses un rey escocés?

Para gran sorpresa y alivio, la ascensión de Jacobo Estuardo al trono de Inglaterra se produjo sin problemas. Es posible que su experiencia previa como monarca hiciera que los ingleses estuvieran más dispuestos a aceptarlo, o tal vez simplemente preferían a cualquier rey que ascendiera pacíficamente en lugar del caos que suponía tener a varias personas compitiendo por la corona. En cualquier caso, en 1603, Jacobo VI de Escocia se convirtió en Jacobo I de Inglaterra, y comenzó la línea de monarcas Estuardo. Los Estuardo gobernarían Inglaterra durante los siguientes 111 años, con un importante vacío de once años en medio de ese periodo.

Se podría pensar que al ser Jacobo Estuardo tanto Jacobo VI de Escocia como Jacobo I de Inglaterra, Escocia se uniría a Inglaterra y Gales para formar el país de Gran Bretaña. Sorprendentemente, aún faltaban cien años para esa unión. Aunque compartían un monarca, Escocia e Inglaterra seguían teniendo parlamentos y gobiernos separados. Jacobo Estuardo fue Jacobo VI de Escocia y Jacobo I de Inglaterra al mismo tiempo.

Inglaterra bajo los Estuardo

La Inglaterra de los Tudor se considera una época dorada de la historia inglesa, pero no se piensa lo mismo de la Inglaterra de los Estuardo.

Las armas reales de los Estuardo

Sodacan Esta imagen vectorial sin especificar fue creada con Inkscape, CC BY-SA 3.0 < https://creativecommons.org/licenses/by-sa/3.0>, vía Wikimedia Commons: https://commons.wikimedia.org/wiki/File:Royal_Arms_of_England_(1603-1707).svg

La dinastía Estuardo gobernó Inglaterra durante 111 años, de 1603 a 1714. Durante ese tiempo, dos monarcas Estuardo fueron derrocados. Uno fue ejecutado y el otro huyó del país. Hubo una guerra civil de nueve años. La capital estuvo a punto de arder en el gran incendio de 1666, e Inglaterra se vio envuelta en muchas y costosas guerras con potencias extranjeras. ¿Qué fue lo que salió mal? ¿Qué pasó con el crecimiento de la era Tudor?

Lo primero que debemos aclarar es que la época de los Estuardo no fue una época oscura, como tampoco lo fue la de los Tudor. Hubo muchos problemas notables en esta época, pero al final de la misma, Inglaterra estaba en camino de convertirse en una de las naciones más poderosas del mundo. El crecimiento de la era Tudor continuó, especialmente en la economía. Lo que tenía la era Tudor que le faltaba a la era Estuardo era la paz interna.

Lo que falló con los Estuardo fue en parte resultado del crecimiento gubernamental que se produjo bajo los Tudor. Cuando Jacobo I se convirtió en el primer monarca Estuardo de Inglaterra, el gobierno inglés hacía tiempo que había superado la fase en la que el monarca podía gobernar de forma efectiva sin el consentimiento del Parlamento, pero este sistema de cooperación entre el monarca y el Parlamento estaba en desacuerdo con la forma en que los Estuardo entendían la monarquía. Monarcas como Jacobo I y Carlos I creían firmemente en la soberanía del rey. No quisieron entrar en el juego de la negociación con el Parlamento, y las tensiones que esto provocó acabaron desembocando en la guerra civil inglesa.

Esto no significa que los Tudor dirigieran Inglaterra como una monarquía constitucional o que los primeros Estuardo fueran tiranos. Los monarcas Tudor eran monarcas absolutos, pero donde Enrique VIII e Isabel I tuvieron éxito, y Jacobo I y Carlos I fracasaron fue en las relaciones públicas. Los Tudor sabían cómo venderse. En los discursos de Isabel ante el Parlamento, estaba segura de su propio poder, pero también tenía tacto.

Por ejemplo, en un discurso poco después de ascender al trono, Isabel I dijo: «La carga que ha caído sobre mí me asombra, y, sin embargo, considerando que soy una criatura de Dios, ordenada a obedecer su designación, me someteré a ella». Llamar al trono una «carga» era que Isabel se apoyaba en las limitaciones percibidas de su sexo, pero rápidamente proclamó que había sido designada por Dios y por lo tanto debía ceder a la designación. Afirmó que cuenta con la aprobación divina, pero de una forma desarmantemente humilde.

Carlos I no tuvo tanto tacto en su trato con el Parlamento. En un discurso pronunciado en 1641, poco antes de que las tensiones entre el rey y el Parlamento desembocaran en una guerra civil, Carlos I dijo: «No, he cedido a todo lo que me habéis pedido, y por eso creo que no debéis extrañaros si en alguna cosa empiezo a negarme, pero espero que eso no impida vuestro progreso en vuestros grandes asuntos. Y no me aferraré a asuntos triviales para daros satisfacción. Espero que seáis sensible a estos beneficiosos favores que se os conceden en este momento».

Aquí, Carlos I está informando a un Parlamento ya muy descontento de que deberían estar agradecidos por lo que ha hecho por ellos. Casi se puede oír el sarcasmo detrás de frases como «Espero que no os impida avanzar en *vuestros* grandes asuntos» y «Espero que *seáis* sensibles a estos beneficiosos favores que se os conceden en este momento». Esta no era la manera de tratar con el Parlamento. Habían tenido demasiado poder real durante demasiado tiempo como para aceptar una actitud tan prepotente por parte del monarca.

Carlos I fue el único monarca que perdió la cabeza, pero no fue el único monarca Estuardo que perdió el trono. El hijo de Carlos I, Jacobo II, tuvo que huir del país después de que su propio pueblo invitara a Guillermo de Orange a invadirlo. ¿Qué hizo Jacobo II que fue tan horrible? Cometió el último pecado a los ojos del pueblo inglés en el siglo XVII. Era católico romano.

El derrocamiento de Carlos I y Jacobo II nos muestra la naturaleza paradójica de Inglaterra en la época de los Estuardo. Por un lado, era una época en la que se cuestionaban nociones como el derecho divino de los reyes. Incluso la propia monarquía acabó siendo cuestionada. Por otro lado, también fue una época de intensa persecución religiosa y superstición. La época de los Estuardo es la prueba de que el progreso humano no es un desarrollo estrictamente lineal.

Convirtiéndose en una potencia mundial

Aunque la época de los Estuardo tuvo su parte de dificultades, al final de la misma, Inglaterra estaba posicionada para convertirse en la potencia mundial dominante en el transcurso del siguiente siglo. ¿Cómo es posible?

A pesar de que Inglaterra tuvo desavenencias internas durante la época de los Estuardo, eso no le impidió involucrarse en lo que ocurría en el mundo en general. El siglo XVII fue una época de colonización y conflictos exteriores. Las principales potencias europeas, como España, Francia, los Países Bajos e Inglaterra, trataban de expandir sus imperios y obtener un mayor control sobre el lucrativo comercio. Guerras como la anglo-holandesa y la de sucesión española formaron parte de esta lucha por el poder.

Aunque a menudo pensamos en la época isabelina como la grandiosa época de las exploraciones, el imperio colonial de Inglaterra no empezó a cobrar fuerza hasta la época de los Estuardo. Después de todo, el primer asentamiento americano de Jamestown recibió el nombre del primer rey Estuardo, Jacobo I. Fue durante esta época cuando se fundaron la mayoría de las trece colonias americanas, así como los asentamientos en Canadá y el Caribe (que resultaron ser los más lucrativos gracias al comercio del azúcar). Si la época isabelina fue la de la exploración, la de los Estuardo fue la de la colonización, y esa práctica resultó ser mucho más beneficiosa de forma permanente para la economía y el poder de Inglaterra.

Inglaterra llegó algo tarde al juego de la colonización en comparación con otras potencias europeas. Los asentamientos americanos eran en gran medida lo único que le quedaba a Inglaterra, ya que España se había apoderado de la mayor parte del sur del Nuevo Mundo. Sin embargo, en los últimos años de la era Estuardo, Inglaterra (o más bien Gran Bretaña) se había forjado un imperio. Los éxitos en la guerra de sucesión española a principios del siglo XVIII dieron a Inglaterra acceso a más colonias, lo que ayudó a construir su imperio comercial. La riqueza que proporcionaron estas colonias dio a Inglaterra los recursos que necesitaba para seguir expandiéndose y defenderse de sus rivales.

A pesar de acontecimientos como la guerra civil inglesa y la Revolución Gloriosa, Inglaterra salió de la época de los Estuardo en una posición muy fuerte a nivel mundial. Los principales rivales de Inglaterra (los Países Bajos, Francia y España) estaban destrozados y cansados por las guerras. Inglaterra tenía un firme control sobre el Nuevo Mundo y varias rutas comerciales rentables. El poderío inglés no haría más que crecer durante los dos siglos siguientes.

Así, aunque la época de los Estuardo fue testigo de importantes conflictos internos, Inglaterra consiguió salir airosa frente a sus rivales extranjeros al final del periodo.

El legado de los Estuardo

Siglos después del final de ambas dinastías, es bastante obvio que los Estuardo nunca tendrán el magnetismo personal que los Tudor lograron crear. Sin embargo, en términos de éxito nacional, Inglaterra no estaba mucho peor bajo los Estuardo que bajo los Tudor. Simplemente, el monarca era cada vez menos esencial para el estado general del país.

La última monarca Estuardo, la reina Ana, es un excelente ejemplo de lo lejos que había llegado esta separación entre el monarca y el gobierno al final de la era Estuardo. La reina Ana, aunque deseaba gobernar personalmente, a menudo estaba enferma y era incapaz de gestionar el funcionamiento diario del país. Los principales acontecimientos de su reinado, como la guerra de sucesión española y la unión con Escocia, fueron en gran medida ideados y llevados a cabo por su gobierno. Ella seguía teniendo la última palabra, pero estaba fuertemente influenciada por sus allegados. El gobierno de Ana fue una batalla entre los dos principales partidos del Parlamento, los whigs y los tories, más que una batalla entre la monarca y el Parlamento.

Todavía falta mucho para que el monarca se convierta en una figura decorativa, pero en la época de los Estuardo, cada vez estaba más claro que el monarca no podía gobernar solo. El Parlamento tenía el verdadero poder, y ningún monarca podía gobernar sin su consentimiento. Si los Tudor convirtieron la monarquía inglesa en un gran mito en el que el monarca era la encarnación de la propia nación, los Estuardo fueron la prueba de la realidad. La nación había crecido más que su gobernante.

Capítulo 3: La monarquía en la Inglaterra moderna temprana

El período moderno temprano de la historia de Inglaterra vio el ascenso y la caída de dos líneas reales y los reinados de doce monarcas. Durante esta época, el monarca ejercía un poder absoluto, por lo que estos reyes y reinas dirigieron realmente el rumbo de la nación inglesa. Algunos de ellos eran muy queridos, y otros eran vehementemente repudiados. Algunos tuvieron éxito, mientras que otros solo pueden calificarse de fracasos.

Para bien o para mal, esta fue la última gran época del poder real en Inglaterra, ya que el siguiente período vería cómo el poder del monarca disminuía. Echemos un vistazo a estos doce hombres y mujeres.

Enrique VII (r. 1485-1509)

Enrique VII
https://commons.wikimedia.org/wiki/File:Henry_Tudor_of_England.jpg

El período moderno temprano comenzó con la victoria de Enrique VII en Bosworth y la fundación de la dinastía Tudor. La victoria de Enrique VII puso fin al derramamiento de sangre de las guerras de las Rosas. Para consolidar aún más la paz, Enrique VII se casó con Isabel de York, hija de Eduardo IV. Con este matrimonio, los bandos opuestos de Lancaster y York se unieron, y el caos terminó por fin.

El matrimonio de Enrique demuestra lo consciente que era del estado de la nación. Las guerras de las Rosas habían creado tanto caos que también desestabilizaron drásticamente la monarquía inglesa. Cuando Enrique VII subió al trono en 1485, tuvo que reforzar la posición del rey, lo que no fue fácil. A lo largo de su reinado, Enrique VII tuvo que hacer frente a múltiples levantamientos y complots yorkinos. Aunque Eduardo V y su hermano Ricardo habían sido declarados muertos por su tío Ricardo III, sus cuerpos nunca fueron encontrados. Los impostores que decían ser Eduardo o Ricardo, o incluso otros miembros de la Casa de York, aparecieron al frente de los levantamientos y fueron respaldados por los poderosos oponentes de Enrique VII.

A pesar de las dificultades, Enrique consiguió sofocar los levantamientos y desbaratar las conspiraciones contra él. Desgraciadamente, hacerse cargo de un trono inestable y tener que lidiar constantemente con estos problemas hizo que Enrique VII se volviera desconfiado y duro. Para cuando murió en 1509, su carácter desconfiado había hecho que fuera odiado o, al menos, poco querido. Sin embargo, Enrique VII fue un rey trabajador y eficiente que consiguió devolver la estabilidad al trono inglés después de un periodo tan largo de caos. Dejó a su hijo un trono muy diferente al que había heredado en 1485.

Enrique VIII (r. 1509-1547)

Enrique VIII por Hans Holbein
https://commons.wikimedia.org/wiki/File:Henry_VIII_Chatsworth.jpg

Enrique VIII es uno de los reyes ingleses más famosos, y hay una buena razón para ello. Sus problemas matrimoniales se han convertido en fuente de canciones y obras de teatro, además de ser el catalizador que separó a Inglaterra de la Iglesia católica. Esta parte del reinado de Enrique VIII es tan interesante que tenemos un capítulo entero sobre ello más adelante, por lo que no vamos a sumergirnos en ello por ahora. Así que, aparte de casarse con seis mujeres diferentes y romper relaciones con el papa, ¿qué más hizo Enrique VIII?

En algunos aspectos, Enrique VIII fue lo opuesto a su padre. Mientras que Enrique VII había creado políticas, supervisado los fondos de la Corona y, en general, dirigido el reino con sus propias manos, Enrique VIII se apoyó más en sus consejeros. Hombres como Thomas Wolsey, Thomas More, Thomas Cranmer y Thomas Cromwell (Thomas era un nombre muy popular entre Enrique VIII) eran los que dirigían el espectáculo. Esto puede hacer que Enrique VIII suene como un pusilánime, pero eso está muy lejos de la verdad. Enrique VIII no tenía ningún problema en interferir en los asuntos que, en su mayoría, dejaba en manos de sus consejeros. Estos hombres solo duraban mientras hacían lo que Enrique VIII quería, y para todos ellos, al igual que para las esposas de Enrique VIII, llegó un momento en el que el rey ya no los necesitaba. La confianza de Enrique VIII en sus consejeros, por tanto, tenía más que ver con el hecho de que prefería estar haciendo otra cosa.

También se podría argumentar que el estilo de reinado menos práctico de Enrique VIII fue mejor para la nación porque cuando decidió tomar las cosas en sus manos, no le fue muy bien. Involucró a Inglaterra en costosas guerras extranjeras y empeoró su relación con Escocia. Su reinado también fue testigo del aumento de las tensiones religiosas, pero la culpa de ello no puede achacarse por completo al rey. Era la época de la Reforma. Las crecientes tensiones religiosas estaban por todas partes en Europa en esta época.

En cuanto a la eficacia del gobierno, Enrique VII fue probablemente mejor rey que su hijo, pero Enrique VIII era más querido. Era un hombre vibrante y joven cuando subió al trono, y devolvió la vida a la corte de Enrique VII. Aunque Enrique VIII no supiera cómo hacer políticas eficaces, sí sabía cómo parecer un rey. Aportó un encanto y una grandeza que lo han convertido en un símbolo duradero de la monarquía.

Eduardo VI (r. 1547-1553)

Eduardo VI por William Scrots
https://commons.wikimedia.org/wiki/File:Edward_VI_of_England_c._1546.jpg

Aunque Enrique VIII se casó seis veces, cuando murió en 1547 solo tenía un heredero varón, el hijo de su tercera esposa, Juana Seymour. Eduardo, de nueve años, se convirtió en rey tras la muerte de su padre, y murió solo seis años después, a la edad de quince. La historia recuerda a Eduardo VI como el «rey niño».

Dado que Eduardo VI llegó al trono a una edad tan temprana, fue simplemente un símbolo intermedio, con otros hombres gobernando a través de él. El primer hombre fue Eduardo Seymour, el duque de Somerset y tío del rey. Somerset fue derrocado y sustituido por John Dudley, el duque de Northumberland. Tanto Seymour como Dudley tomaron medidas mientras estaban en el poder para confirmar la Reforma, lo que estaba en consonancia con el propio celo religioso de Eduardo VI y su fuerte devoción por el protestantismo.

La temprana muerte de Eduardo VI supuso, naturalmente, que no hubiera herederos directos. Eduardo VI planeó pasar el trono no a una de sus hermanastras (María e Isabel), sino a lady Juana Grey, que era la nuera de John Dudley. Esto no se llevó a cabo tras la muerte de Eduardo VI. Juana Grey duró en el trono solo nueve días antes de ser sustituida por María, la hija mayor de Enrique VIII.

María I (r. 1553-1558) y Felipe (r. 1554-1558)

La reina María Tudor por Antonis Mor
https://commons.wikimedia.org/wiki/File:Maria_Tudor1.jpg

María I fue la primera mujer que gobernó Inglaterra por derecho propio, pero no se la recuerda con cariño, en gran parte porque era católica.

María I era hija de Enrique VIII y Catalina de Aragón. Poco después de subir al trono en 1553, se casó con el príncipe español Felipe (que pronto se convirtió en el rey español, Felipe II), a pesar de las advertencias de sus asesores. Este matrimonio con un católico formaba parte de los intentos de María I por devolver a su nación a la Iglesia romana. Sin embargo, para entonces, los «daños» de la Reforma habían impactado en Inglaterra. El país no veía con buenos ojos su matrimonio con Felipe, pero María I tenía la terquedad de su padre. A pesar de la revuelta protestante, se casó de todos modos con Felipe, quien, como parte de las condiciones de su matrimonio, se convirtió en comonarca y no simplemente en su marido.

Después de su matrimonio, María I se esforzó por devolver a Inglaterra al catolicismo. Persiguió a los protestantes, a los que consideraba herejes, quemando a unas trescientas personas en la hoguera. Esta campaña tuvo el efecto contrario al esperado por María. Se ganó el apodo de María la Sangrienta y provocó el odio de la gente. No está claro hasta qué punto llegó el resentimiento hacia María I durante su vida. Ya que Inglaterra siguió siendo protestante, María I ha sido vista como una villana, pero también debemos recordar que la ruptura de Inglaterra con Roma se había producido solo veinte años antes de su reinado. Probablemente había muchos católicos en Inglaterra mientras María I vivía. Sin embargo, a medida que pasaba el tiempo e Inglaterra se volvía más protestante, la reputación póstuma de María I no hizo más que deteriorarse.

Isabel I (r. 1558-1603)

Isabel I, «El retrato del pelícano», por Nicholas Hilliard
https://commons.wikimedia.org/wiki/File:Nicholas_Hilliard_Elizabeth_I_The_Pelican_Portrait.jpg

A Enrique VIII solo le quedó un hijo. Isabel I fue la última de los Tudor y posiblemente la mejor de ellos. Incluso hoy en día, sigue siendo una de las gobernantes más recordadas y queridas de Inglaterra, y es la única monarca de principios de la Edad Moderna que tiene una época que lleva su nombre (la época isabelina). ¿Qué hizo que Isabel I fuera tan buena gobernante?

Isabel I tuvo una educación muy completa y, en ocasiones, increíblemente peligrosa antes de su ascenso al trono. A los tres años, su madre fue decapitada y ella fue declarada ilegítima. Tuvo que sobrevivir a los reinados de sus dos hermanastros, en los que fue vista como un desencadenante potencial para cualquier rebelión o descontento, especialmente bajo el reinado de María I. Para sobrevivir en estas circunstancias, Isabel I aprendió desde muy joven una enorme cantidad de autocontrol. Fue capaz de mostrar a la gente exactamente lo que querían ver, controlando cuidadosamente sus acciones y su reputación para que se adaptaran a sus necesidades.

Esta cualidad siguió sirviendo a Isabel I una vez que subió al trono. Era una experta en montar un espectáculo y convertirse en un símbolo de la monarquía y de la nación. En lugar de permitir que su sexo se utilizara en su contra (el sexismo estaba muy extendido en aquella época), se pintó a sí misma como la madre de la nación, creando una sensación de amor y devoción. Esta estricta atención a la forma en que se presentaba también significaba que era bastante indescifrable. Isabel I podía ser generosa cuando la beneficiaba y colérica cuando la presionaban. Se tenía la sensación de que nadie sabía lo que pensaba la reina Isabel, y ella utilizaba ese aire de misterio para enfrentar a las facciones rivales en su corte, manteniendo un control firme, si no absoluto, de su gobierno.

En pocas palabras, Isabel I fue una de las monarcas inglesas con mayor capacidad política. Sabía manejar tanto a las multitudes como a los individuos a su favor. No cabe duda de que Inglaterra prosperó bajo su mandato. Hoy en día, la época isabelina se considera una época dorada de la historia inglesa.

Jacobo I (r. 1603-1625)

Jacobo I por John De Critz

https://commons.wikimedia.org/wiki/File:James_VI_and_I.jpg

En el capítulo 2 hablamos de cómo el trono pasó de los Tudor a los Estuardo, así que aquí nos centraremos más en Jacobo I como monarca.

Cuando Jacobo I se convirtió en rey de Inglaterra, ya había gobernado Escocia durante unos treinta y siete años. Es cierto que solo tenía un año de edad cuando subió al trono, pero, sin embargo, treinta y siete años era mucho tiempo. Esto le daba una ventaja que pocos monarcas tenían cuando subían al trono: la experiencia. En muchos sentidos, la experiencia de Jacobo I como rey de Escocia le sirvió en Inglaterra. Sus políticas eran a menudo razonables y eficaces, pero la experiencia de Jacobo I le perjudicó en Inglaterra.

Al haber sido rey durante tanto tiempo, Jacobo I tenía una idea muy clara de lo que debía ser la realeza. Creía en la autoridad absoluta del rey, lo que le hizo entrar en conflicto con una institución exclusivamente inglesa: El Parlamento. El Parlamento existía en Inglaterra desde el siglo XIII y había crecido en autoridad y en su voluntad de cuestionar al monarca inglés. Era el Parlamento el que tenía el derecho de recaudar impuestos, lo que hacía prácticamente imposible la recaudación de fondos para el gobierno sin la aprobación del Parlamento.

Jacobo I había tratado con asambleas en Escocia, pero no tenía idea de cómo tratar con el Parlamento inglés. Jacobo I entró en frecuentes conflictos con el Parlamento, y en 1611 lo disolvió. El Parlamento no volvería a reunirse durante diez años (salvo una breve reunión en 1614). Durante este tiempo, Jacobo I tuvo que buscar otros medios para recaudar dinero, ya que no podía crear impuestos sin el Parlamento. Estos otros medios, como la venta de monopolios, eran a menudo impopulares y no mejoraban la imagen del rey. La falta de respeto de Jacobo I hacia el Parlamento no tuvo consecuencias drásticas en vida, pero sí preparó el terreno para la guerra civil que estallaría durante el reinado de su hijo.

Sin embargo, por lo que más se conoce a Jacobo I es por algo que tuvo poco efecto en su reinado: la Biblia del rey Jacobo. Jacobo I autorizó esta traducción de la Biblia en 1604 y aprobó la lista de eruditos asignados al proyecto. La traducción se completó y publicó en 1611 y sigue siendo una de las traducciones inglesas más populares de la Biblia hasta el día de hoy. La Biblia del rey Jacobo ha resultado ser el legado más duradero del primer monarca Estuardo.

Carlos I (r. 1625-1649)

Carlos I por Anthony van Dyck
https://commons.wikimedia.org/wiki/File:Van_Dyck,_Sir_Anthony_-_Charles_I_-_Google_Art_Project.jpg

Los monarcas de la Inglaterra moderna tienen su cuota de éxitos y fracasos, pero Carlos I podría ser el mayor fracaso de todos ellos. En el reinado de Carlos I estalló una guerra civil que terminó con su ejecución y dio lugar a un período de once años en el que Inglaterra no tuvo rey ni reina.

Cubriremos los detalles de la guerra civil inglesa en el capítulo 10, pero por ahora, hablemos de cuál fue el problema con Carlos I. ¿Qué tenía de malo este rey que hizo que Inglaterra decidiera que no quería ningún rey?

Al igual que su padre, Jacobo I, Carlos I era partidario del absolutismo real y del derecho divino de los reyes, lo que significaba que los reyes obtienen su derecho a gobernar de Dios y, por tanto, no están sujetos a ninguna autoridad terrenal. La Iglesia católica podía seguir siendo un freno al poder del rey, pero durante la época de los Estuardo, Inglaterra ya no era católica. El rey era el jefe de la iglesia y del gobierno, y basado en el derecho divino de los reyes, esto le daba un poder absoluto y supremo.

Se puede empezar a ver qué tipo de rey hizo esta doctrina. Carlos I no creía que nadie tuviera derecho a cuestionarlo o desafiarlo. Se negó a escuchar al Parlamento y las quejas de los magnates de su reino. Esto condujo finalmente a una guerra civil, pero causó un problema aún mayor cuando la guerra terminó. Aunque Carlos I había sido derrotado, se negó a negociar con los vencedores. No quiso hacer concesiones. Ni siquiera quiso hablar con sus captores. Al ver al rey tan intratable, el Parlamento acabó por condenarlo por traición. Carlos I fue decapitado el 30 de enero de 1649.

El reinado de Carlos I no solo hizo que fuera decapitado, sino que también provocó que Inglaterra abandonara la monarquía durante un tiempo. Tras la muerte de Carlos I, Inglaterra entró en un periodo de once años conocido como el Interregno (entre reyes). Después de estos once años, Inglaterra decidió que el problema quizá no eran los monarcas en general, sino Carlos I en concreto. Decidieron restaurar la monarquía e invitaron al hijo de Carlos I a volver y ocupar el trono.

Carlos II (r. 1660-1685)

Carlos II por John Michael Wright
https://commons.wikimedia.org/wiki/File:John_Michael_Wright_(1617-94)_-_Charles_II_(1630-1685)_-_RCIN_404951_-_Royal_Collection_-_1.jpg

La ascensión de Carlos II al trono inglés podría haber sido un asunto muy turbio. Después de todo, Carlos II regresaba del continente tras haber tenido que huir de Inglaterra temiendo por su vida. Aunque el pueblo de Inglaterra había decidido que quería un rey de nuevo, había muchas incógnitas con respecto a invitar a Carlos II a subir al trono. ¿No querría él vengarse de los que habían asesinado a su padre? Los miembros del Parlamento estaban comprensiblemente preocupados.

A pesar de lo complicado que podría haber sido, la restauración de la monarquía se desarrolló sorprendentemente sin problemas, gracias en gran parte al consejo de Edward Hyde, el conde de Clarendon. Bajo la dirección de Hyde, Carlos II emitió un perdón general para los crímenes cometidos durante la guerra civil inglesa y el Interregno. Esto significaba que Carlos II no se vengaría de los enemigos de su padre. Los dirigentes de Inglaterra se sintieron tan aliviados al saber que no perderían la cabeza que recibieron a Carlos II con los brazos abiertos.

Como gobernante, Carlos II no fue ni el peor ni el mejor monarca inglés. Tenía fama de ser un hombre que disfrutaba de sus placeres, y se le daba muy bien dejar que sus consejeros cargaran con la culpa de sus malas políticas. Durante su reinado, se enfrentó a un gran descontento religioso.

Los intentos de Carlos II de permitir una mayor tolerancia religiosa fueron firmemente rechazados por el Parlamento, y el miedo a que el trono pasara a manos de su hermano católico, Jacobo, era generalizado en los últimos años de su gobierno.

Sin embargo, Carlos II consiguió equilibrar delicadamente estas tensiones y mantuvo la paz hasta su muerte en 1685. Era un rey con suficientes habilidades políticas para asegurar su propia posición, pero le faltaba la inspiración necesaria para resolver realmente el problema. Cuando murió sin un heredero legítimo, su hermano Jacobo tuvo que enfrentarse a los problemas que Carlos II solo había retrasado.

Jacobo II (r. 1685-1688)

Jacobo II por Godfrey Kneller
https://commons.wikimedia.org/wiki/File:King_James_II.jpg

Si la suerte de los Estuardo parecía mejorar con la restauración de Carlos II, disminuyó considerablemente con su hermano, Jacobo II. Jacobo II solo gobernó durante tres años antes de que su reinado terminara con la Revolución Gloriosa y la instauración de María II y Guillermo III. Jacobo II fue el único monarca inglés en todo el período moderno temprano que se vio obligado a dejar el trono mientras estaba vivo. ¿Qué tenía de malo Jacobo II? La respuesta es similar al problema de María I. Jacobo II era católico romano.

Gracias a la Reforma, las tensiones religiosas en Europa estaban en su punto más álgido. En Inglaterra, el miedo y el odio a los católicos romanos había alcanzado niveles casi de paranoia. Discutiremos más sobre el porqué de esto en capítulos posteriores, pero basta con decir que no era bueno para Jacobo II, pues era miembro de la Iglesia católica.

Para ser justos con Jacobo II, desde un punto de vista objetivo, no parece que su religión afectara tanto a su capacidad para gobernar una nación anglicana. Jacobo II era un comandante militar capaz que sirvió bien a su hermano Carlos II, y sus hijas, María y Ana, fueron educadas como protestantes. A diferencia de María I, no parecía que Jacobo II estuviera planeando volver a poner a la nación inglesa bajo la mano de Roma, pero en la época de su reinado, la desconfianza hacia los católicos era mucho mayor que cuando María I ocupaba el trono.

Así, cuando Jacobo II subió al trono en 1685, la nación simplemente no confiaba en él. Tuvo que hacer frente a dos rebeliones casi inmediatamente, lo que agrió la opinión del nuevo rey sobre sus súbditos. Jacobo II se volvió desconfiado y empezó a favorecer a los católicos romanos, tratando de anular las leyes contra ellos. Por desgracia, en la Inglaterra del siglo XVII, la tolerancia religiosa no era una medida popular. A los tres años de iniciarse el reinado de Jacobo II, este se encontró con un usurpador, Guillermo de Orange, que había sido invitado por su propio pueblo. Cuando el ejército de Jacobo II, mayoritariamente protestante, se negó a apoyarlo, se vio obligado a abdicar y huir del país. Su hija protestante María, junto con su marido Guillermo, asumió el trono con relativamente poco derramamiento de sangre, lo que le valió a este acontecimiento el nombre de Revolución Gloriosa.

María II (r. 1689-1694) y Guillermo III (r. 1689-1702)

María II por Peter Lely
https://commons.wikimedia.org/wiki/File:1662_Mary_II.jpg

Guillermo III se hizo técnicamente con el trono inglés por la fuerza cuando su llegada con un ejército obligó a Jacobo II a abdicar. Sin embargo, también invadió a petición de los líderes ingleses, por lo que Guillermo III tiene la extraña pretensión de ser un bien recibido rey conquistador.

Dado que Guillermo sobrevivió a su esposa durante ocho años, la historia tiende a recordar a Guillermo de Orange o Guillermo III más que a su esposa, María II. Sin embargo, fue a través de María que Guillermo tuvo derecho al trono inglés. María II era la hija de Jacobo II y la siguiente en la línea de sucesión tras la abdicación de su padre. Se le ofreció el trono y ella insistió en que su marido reinara como comonarca. Mientras María II vivía, compartió técnicamente el poder con Guillermo III, pero se limitó a seguir su ejemplo y dirección en casi todo, convirtiendo a Guillermo III en el gobernante.

Como rey de Inglaterra, Guillermo III estaba muy interesado en los asuntos exteriores y pasó buena parte de su reinado haciendo campaña en Europa. Le preocupaba especialmente impedir que los franceses ampliaran su control, pero a menudo se sentía frustrado por la falta de entusiasmo del Parlamento inglés por su causa. El tiempo dio la razón a Guillermo III, ya que Inglaterra se uniría a la guerra de sucesión española contra los franceses poco después de la muerte de Guillermo III.

El asunto de la guerra con Francia resume el reinado de Guillermo III. Fue un rey relativamente eficaz que seguía sin gustar a la corte inglesa por ser extranjero. Sin embargo, era muy querido por el pueblo en general debido a su protestantismo, y su tiempo como rey vio estabilizarse a la Corona inglesa.

Ana (r. 1702-1714)

La reina Ana por Edmond Lilly
https://commons.wikimedia.org/wiki/File:Queen_Anne_Lilly.jpg

La última monarca de los Estuardo y la última del período moderno temprano fue la segunda hija de Jacobo II, Ana. Aunque su padre era ferozmente odiado por el pueblo inglés, tanto María como Ana escaparon a su legado porque no compartían el defecto fatal de su padre. No eran católicas; eran protestantes.

Como reina, Ana nunca obtuvo la independencia que deseaba. A menudo estaba enferma, dejando el gobierno mayormente en manos de sus consejeros. Las principales políticas de este gobierno se centraron en la guerra que su predecesor, Guillermo III, había predicho, la guerra de sucesión española, que duró la totalidad de los doce años de reinado de Ana.

Aunque Ana estuvo embarazada muchas veces, no tuvo hijos supervivientes, por lo que su muerte causó cierta ansiedad. Los dirigentes ingleses temían que Jacobo el Viejo Pretendiente, hijo de Jacobo II, intentara hacerse con el trono. Para evitar que el trono inglés pasara a manos católicas, los Hanover, descendientes de Jacobo I, fueron elegidos para suceder a la dinastía Estuardo.

La dinastía Estuardo terminó de forma muy similar a la de los Tudor, con la muerte de una reina sin hijos, y al igual que con el paso del trono de los Tudor a los Estuardo, la transición de los Estuardo a los Hannover fue sorprendentemente suave. A pesar de los puntos bajos con Carlos I y Jacobo II, la monarquía inglesa de principios de la Edad Moderna fue una institución relativamente estable en la cúspide de su poder. Los monarcas ingleses no volverían a ejercer el poder que tenían en esta época. A finales del siglo XVIII, el monarca sería poco más que una figura decorativa.

Capítulo 4: Personajes ingleses relevantes de 1485 a 1714

Cuando se habla de personajes importantes de la primera época moderna, es lógico pensar en primer lugar en la realeza. Al fin y al cabo, la realeza de este periodo ejercía un poder real, por lo que todos los reyes ingleses, fueran buenos o malos, tenían un enorme impacto en la nación.

Sin embargo, eso no significa que Inglaterra no produjera otras figuras que dirigieron el curso de la historia y cuyo impacto seguimos sintiendo hoy en día. Algunas de las principales figuras inglesas de este periodo han tenido un impacto mucho más amplio y duradero que los monarcas. Las siguientes figuras se enumeran en orden cronológico según su nacimiento.

María, reina de Escocia

Hay bastantes Marías famosas de este periodo, pero por puro dramatismo, María, reina de Escocia tiene que ser la más interesante. Nacida en 1542, María era la única hija de Jacobo V de Escocia. Cuando su padre murió seis días después de su nacimiento, se convirtió en reina de Escocia.

Nadie espera que un bebé de seis días gobierne, así que la madre de María se convirtió en regente. María fue enviada a Francia, donde fue criada en la corte de Enrique II. Aunque María recibió una educación exhaustiva en Francia, su educación francesa acabaría siendo mucho más perjudicial que útil. Fue criada como católica romana, y a los dieciocho años, cuando volvió a gobernar Escocia por derecho propio, se encontró a la cabeza de una tempestuosa nación protestante.

María no estaba suficientemente preparada para el papel en el que se encontraba, pero podría haber sido una reina tolerable si hubiera tomado decisiones más sabias en el amor. Su matrimonio con lord Darnley fue una unión amorosa, pero resultó desastrosa. Darnley no era muy querido, y al casarse con él, María consiguió agitar a muchos de los nobles escoceses, incluido su hermanastro, que había sido de gran ayuda para María hasta ese momento.

María pronto se dio cuenta de su error. Un año después de su matrimonio, Darnley asesinó al secretario de María delante de ella, y María empezó a darse cuenta de la clase de hombre con el que se había casado. No está claro si María participó en lo que sucedió después, pero el intolerable Darnley pronto encontró su fin. En 1567, la casa en la que se encontraba Darnley explotó y murió.

Esto podría haber sido una oportunidad para que María cambiara las cosas, pero después de tres cortos meses, se casó de nuevo. Y volvió a elegir mal. Este marido, lord Bothwell, era el principal sospechoso del asesinato del anterior marido de María, y no era más querido por la nobleza escocesa de lo que lo había sido Darnley. Antes de finalizar el año, Bothwell había sido exiliado, y María se vio obligada a renunciar. La corona de Escocia pasó a su hijo de un año, Jacobo.

Como en una telenovela de la vida real, perder el trono de Escocia no fue el final de los problemas de María. Después de todo esto, María huyó a Inglaterra, buscando refugio con su prima, la reina Isabel. Eso fue un error. Como prima de Isabel, María era la siguiente en la línea de sucesión al trono de Inglaterra y, por tanto, a ojos de Isabel, su rival. Tras la llegada de María a Inglaterra, la reina Isabel la mantuvo encarcelada durante los siguientes dieciocho años.

Por desgracia, la historia de María no estaba destinada a terminar felizmente. Como católica romana y siguiente en la línea de sucesión al trono inglés, María era el núcleo natural en torno al cual se agrupaban los católicos ingleses. Deseaban devolver a Inglaterra al catolicismo. Cuando en 1586 se descubrió una conspiración para asesinar a la reina Isabel y sustituirla por la católica María, Isabel I se hartó. Decidió que su prima era una amenaza demasiado grande. María, reina de Escocia, fue ejecutada en 1587.

Hasta el día de hoy, los historiadores discuten sobre el grado de culpa de María en los males que le sobrevinieron. Se la ha considerado tanto una figura trágica como una ingeniosa asesina. Fuera como fuere, su vida es la prueba de que la realidad puede ser tan dramática como la ficción.

William Shakespeare

William Shakespeare
Rodrio22, CC BY-SA 4.0 <https://creativecommons.org/licenses/by-sa/4.0>, vía Wikimedia Commons: https://commons.wikimedia.org/wiki/File:William_Shakespeare_2022.jpg

Si hay una competición por la figura más recordada e idolatrada de la Inglaterra moderna temprana, William Shakespeare es el ganador indiscutible. Nació alrededor de 1564 y murió en 1616. Durante su vida, Shakespeare escribió 38 obras de teatro y más de 150 poemas. En los cuatrocientos años transcurridos desde su muerte, ha llegado a ser ampliamente considerado como uno de los mejores, si no el mejor, escritor inglés de todos los tiempos. El bardo es tan alabado y conocido que prácticamente no se pueden cursar estudios de secundaria en inglés sin leer a Shakespeare.

Debido a que es tan adorado por los académicos y los profesores, mucha gente asocia hoy a Shakespeare con elitismo y pretenciosidad. Sin embargo, para ser justos con el bardo, vale la pena situarlo en el contexto de su propia época. Cuando vivía, Shakespeare era menos de lo que hoy llamaríamos un artista y más un animador. La entrada a los teatros al aire libre de la época era lo suficientemente barata como para que cualquiera pudiera permitírsela, y el teatro en vivo, en general, se consideraba un entretenimiento para las masas.

El teatro en vivo estaba tan lejos de ser considerado una actividad de alto nivel que mucha gente creía que era una influencia terrible. Los teatros no estaban permitidos en la propia ciudad de Londres, por lo que se construyeron al otro lado del río Támesis, en Southwark, una zona que albergaba otras instituciones que no se querían en la ciudad propiamente dicha, como burdeles y fosos para hostigar osos. El Globe Theatre incluso estaba situado junto a un foso para hostigar osos, y el teatro utilizaba la sangre de la arena para las actuaciones.

Así pues, Shakespeare no era tan elegante como podría pensarse. Su lenguaje puede parecer increíblemente sofisticado hoy en día, pero eso tiene más que ver con el hecho de que fue escrito hace cuatrocientos años y menos con que Shakespeare trate de ser pretencioso. Si uno se toma el tiempo de analizar algunas de las obras de Shakespeare, encontrará que están llenas de chistes subidos de tono y frases ingeniosas.

¿Significa esto que Shakespeare no es tan grande como la gente lo hace ver? En todo caso, debería hacerlo aún más grande. Shakespeare era tan bueno con las palabras que, a pesar de que escribía para entretenerse y ni siquiera inventaba la mayoría de sus historias, sigue siendo el referente de la literatura inglesa cuatrocientos años después.

Guy Fawkes

Si usted no es del Reino Unido, probablemente no vea nada especial en el 5 de noviembre, pero en el Reino Unido es el Día de Guy Fawkes. Quizá piense que Guy Fawkes debió de hacer algo realmente importante para nombrar un día festivo, pero no es esa la razón por la que esta figura de la Inglaterra de principios de la Edad Moderna tiene su propia fiesta.

Guy Fawkes es famoso por ser uno de los cómplices de la «conspiración de la pólvora», que fue un intento de los católicos romanos de volar el Parlamento el 5 de noviembre de 1605. Los conspiradores esperaban que, matando al rey y a otros líderes ingleses, hubiera suficiente confusión para que los católicos se hicieran con el control del país. Cuando se descubrió el complot, tuvo el efecto contrario al que pretendían los conspiradores. La noticia de un complot católico para matar al rey no hizo más que aumentar el miedo y el odio hacia los católicos en Inglaterra, y como resultado se promulgaron leyes aún más estrictas para restringir a los católicos.

Irónicamente, Guy Fawkes no era el líder del complot. La conspiración fue encabezada por Robert Catesby. Sin embargo, Fawkes fue el que fue sorprendido custodiando los barriles de pólvora y fue arrestado, torturado y ejecutado.

Pero eso no fue suficiente. El 5 de noviembre se convirtió en una fiesta nacional, y todavía se queman efigies de Guy Fawkes en este día. Guy

Fawkes no era el líder de los conspiradores, ni consiguió matar al rey, pero sigue siendo quizás la persona más infame de la Inglaterra de principios de la Edad Moderna.

Oliver Cromwell

Aunque su nombre no sea tan conocido como el de Shakespeare o Guy Fawkes, Oliver Cromwell es sin duda una de las figuras más influyentes de la historia de Inglaterra. Cuando Inglaterra se quedó sin monarca durante el Interregno, Oliver Cromwell gobernó la nación como lord protector.

¿Quién era Cromwell y cómo consiguió un puesto tan alto? Los reyes y las reinas tienen derecho a gobernar en virtud de su nacimiento, pero ¿qué virtud situó a Oliver Cromwell a la cabeza de Inglaterra de 1653 a 1658?

Nacido en 1599, Oliver Cromwell tuvo una vida bastante tranquila durante sus primeros treinta años. Sin embargo, justo antes de cumplir los treinta años, Cromwell se convirtió al cristianismo, lo que tendría un profundo impacto en él. Con el despertar de su celo religioso, Cromwell se volvió mucho más activo en la política. Era puritano y se pronunció en contra de la autoridad de los obispos, creyendo que las congregaciones debían poder elegir a sus propios ministros en lugar de que fueran nombrados por el rey. Debido a sus opiniones religiosas, Cromwell comenzó a oponerse al gobierno de Carlos I.

Si Cromwell no hubiera sido más que un hombre profundamente religioso, la historia probablemente no lo habría recordado, pero cuando estalló la guerra civil inglesa, Cromwell demostró ser también un soldado. Cuando el Parlamento se enfrentó al rey en una guerra abierta, Oliver Cromwell ascendió en las filas como un líder práctico y eficaz. El éxito de Cromwell como soldado lo convirtió en el jefe del ejército, convirtiéndolo en el hombre más poderoso de Inglaterra tras la muerte de Carlos I.

Sin embargo, Cromwell no ocupó exactamente el lugar de Carlos I. Tuvieron que pasar cuatro años tras la ejecución del rey para que Cromwell se convirtiera en lord protector. Durante esos cuatro años, el Parlamento intentó gobernar, pero había mucha desconfianza entre el Parlamento y el ejército, lo que dificultaba un gobierno eficaz. Al propio Cromwell no le gustaba el republicanismo radical que promovían algunos miembros del Parlamento, pues creía que era necesario un rumbo más moderado para restablecer la estabilidad y la prosperidad en Inglaterra. Finalmente aceptó el cargo de lord protector, concediendo que la providencia (Dios) parecía querer que así fuera.

Esto puede parecer un débil encubrimiento de sus ambiciones, pero tanto si se está de acuerdo con él como si no, parece que Cromwell se tomaba en serio su religión. Creía que estaba siguiendo los deseos de Dios al convertirse en el hombre más poderoso de Inglaterra.

A pesar de haber sido uno de los hombres que firmó la sentencia de muerte del rey, Cromwell fue bastante conservador como lord protector. Quería reformas, sobre todo para aumentar la tolerancia religiosa, pero se enfrentó a los miembros más radicales del Parlamento, que estaban mucho más interesados en rehacer la constitución. Cromwell temía que la disolución del gobierno tradicional de Inglaterra solo diera lugar a la anarquía. Su deseo de mantener la estabilidad dio lugar a un gobierno que se parecía más a una monarquía constitucional que a una república. Este parecido con una monarquía se confirmó cuando Cromwell nombró a su hijo Ricardo como sucesor poco antes de su muerte en 1658.

Hasta la fecha, la opinión de la gente sobre Oliver Cromwell está dividida. Se lo considera un dictador que utilizó su poder militar para hacerse con el control de la nación. Se lo considera un fanático religioso que utilizó su creencia en la divina providencia para justificar sus acciones. También se lo ha criticado por frenar la reinvención radical del gobierno inglés, y se lo ha alabado por restaurar y mantener el orden en Inglaterra con su enfoque reformista más moderado. Sea cual sea la opinión que se tenga de él, está claro que Oliver Cromwell era un hombre muy capaz. Para bien o para mal, se hizo con el control efectivo del gobierno inglés y lo mantuvo durante cinco años, lo que lo convierte en el único gobernante inglés de este periodo que se hizo a sí mismo.

Edward Hyde (conde de Clarendon)

Edward Hyde por Peter Lely
https://commons.wikimedia.org/wiki/File:Peter_Lely_(1618-1680)_(after)_-_Sir_Edward_Hyde_(1609%E2%80%931674),_1st_Earl_of_Clarendon_-_1257076_-_National_Trust.jpg

Hablando de gobernantes ingleses, es probable que con el último capítulo haya tenido la impresión de que algunos monarcas eran mejores que otros. Dado que los monarcas tenían el control del gobierno, ¿qué sucedía cuando el rey o la reina eran perezosos o incompetentes? ¿Quién dirigía el país cuando el monarca no tenía ganas?

Aunque la historia tiende a no recordar muy bien sus nombres, la mayoría de los monarcas de Inglaterra tenían asesores cercanos. Estas personas a menudo ayudaban a dirigir el curso de Inglaterra tanto como el monarca. Personas como Robert Cecil bajo el mandato de la reina Isabel I, Sarah Churchill bajo el de la reina Ana, John Dudley bajo el de Eduardo VI, y Thomas Wolsey y Thomas Cromwell bajo el de Enrique VIII, ejercieron una enorme influencia porque el monarca acudía a ellos en busca de consejo y, en muchos casos, les otorgaba cargos de poder.

Fueron tantas las personas que estuvieron detrás de los monarcas de este periodo que no podemos empezar a hablar de todas ellas, pero como ejemplo, nos fijaremos en un hombre que estuvo detrás de dos reyes y que tuvo un gran impacto en la historia de Inglaterra: Edward Hyde.

Edward Hyde es más conocido por su título de conde de Clarendon o simplemente Clarendon. Nació en 1609 y fue consejero tanto de Carlos I como de Carlos II. Bajo el mandato de Carlos I, Hyde intentó aconsejar al rey para que adoptara un enfoque más moderado en su conflicto con el Parlamento, pero de poco sirvió. La situación desembocó en la guerra civil inglesa, y Hyde fue enviado al continente como tutor del joven príncipe.

El servicio que Hyde prestó a Carlos II demostró lo capaz que era realmente. La declaración de Breda de 1660 fue obra de Hyde y permitió la restauración pacífica de Carlos II en el trono de su padre. Una vez restaurado en su trono, Carlos II se apoyó en Hyde, que se convirtió en el primer conde de Clarendon un año después, en 1661. Clarendon (Hyde) era un administrador competente, pero con el tiempo aprendió, como muchos asesores reales cercanos, los peligros de estar tan cerca de la Corona.

En una monarquía, el rey no puede hacer nada malo. No se puede destituir a un rey, por lo que los asesores cercanos al rey a menudo se veían obligados a asumir la culpa de los fracasos del gobierno. En 1667, la edad de Clarendon (tenía cincuenta y ocho años) y su estricto sentido de la moral no sentaban bien a la corte de un hombre conocido como el «monarca alegre». Tras la segunda guerra anglo-holandesa, que fue un desastre para los ingleses, Clarendon se convirtió en el chivo expiatorio.

Carlos II permitió que la culpa recayera en su asesor más antiguo en lugar de en él mismo, y Clarendon tuvo que huir, viviendo el resto de sus días en el exilio en Francia.

Clarendon es un ejemplo de lo que muchos consejeros reales y figuras políticas clave de este periodo no pudieron superar: los cambiantes caprichos del monarca. Las carreras políticas subían y bajaban en función de a quién favoreciera el monarca, e incluso aquellos que demostraban ser capaces no estaban protegidos de la voluble naturaleza humana. La política y el gobierno en esta época eran profundamente personales, y eso se reflejó en la rapidez con la que muchos ascendieron y cayeron del poder.

John Churchill (duque de Marlborough)

John Churchill (izquierda) con el general Armstrong (derecha)
https://commons.wikimedia.org/wiki/File:Major_General_John_Armstrong_with_John_Churchill_1st_Duke_of_Marlborough.jpg

Conocido como el mejor soldado de Inglaterra, John Churchill es una figura de la última parte de la era moderna temprana. Su destreza militar fue clave para cimentar la posición de Inglaterra como potencia mundial.

John Churchill nació en 1650. Comenzó su carrera militar a los diecisiete años y fue avanzando de forma constante. En 1685, con la subida al trono de Jacobo II, John Churchill era el comandante práctico del ejército inglés. Fue en este momento de su carrera cuando Churchill demostró que sus capacidades se extendían también a la esfera política. Con la invasión de Guillermo de Orange en 1688, Churchill vio las cosas claras y cambió de bando. Abandonó al católico romano Jacobo II y le rindió pleitesía a Guillermo. Como líder del ejército inglés, la decisión de Churchill significó que Jacobo II no tenía un ejército con el que oponerse a Guillermo. El resultado fue un traspaso de poder relativamente incruento que ha llegado a conocerse como la Revolución Gloriosa.

Aunque la decisión de John Churchill de ponerse del lado de Guillermo de Orange fue un factor importante que permitió a Guillermo arrebatar el trono a Jacobo II, la carrera de Churchill no avanzó como cabría esperar. Guillermo desconfiaba de un hombre que abandonaba a su soberano y sospechaba que Churchill conspiraba para restaurar a Jacobo II. Así, la carrera militar de Churchill se vio truncada durante unos años hasta que Guillermo III lo necesitó para un asunto más urgente: detener a Luis XIV.

En 1701, se hizo evidente que el rey Luis XIV de Francia había puesto sus ojos en el trono español, y Guillermo III estaba decidido a detener sus ambiciones. En un conflicto así, una mente militar como la de John Churchill era esencial. Aunque Guillermo III acabaría muriendo en 1702, su sucesora, la reina Ana, confirmó el nombramiento de Churchill para comandar las fuerzas que se oponían a la apuesta de Luis XIV por España.

Fue durante la guerra de sucesión española (1701-1714) cuando la reputación de Churchill como soldado se consolidó realmente. Obtuvo impresionantes victorias en Blenheim (1704), Ramillies (1706) y Oudenaarde (1708). Parecía que Churchill simplemente no podía ser vencido en la batalla, pero la guerra se prolongó. Por desgracia, las guerras son caras incluso cuando se ganan. A pesar de las victorias de Churchill, el apoyo a la guerra en Inglaterra acabó por flaquear, y el apoyo a Churchill también. En 1711, Churchill fue destituido de su mando militar. Murió once años después, en 1722.

Así fue la vida de muchas figuras políticas clave de esta época. Hubo muchos que brillaron por un momento, pero muy pocos consiguieron morir con su gloria intacta. Los primeros años de la era moderna fueron una época turbulenta y cambiante, no solo para Inglaterra, sino también para el mundo. Muchos lograron alcanzar la grandeza, pero muy pocos fueron capaces de mantenerla.

Capítulo 5: El Renacimiento

El Renacimiento. La palabra nos trae a la mente imágenes de estatuas de mármol, pinturas al óleo de gran detalle y ropajes adornados. Nos hace pensar en poesía, música y filosofía. El Renacimiento es la época que dio inicio a la era moderna. Sacó a la civilización occidental de la Edad Media y dio paso a una nueva era de ilustración y razón.

¿Lo hizo?

Pensamos en el Renacimiento como una época que rescató a la humanidad de la ignorancia, resucitando nuestro interés por la ciencia y las artes. Pero, ¿hasta qué punto es esto cierto? ¿Y qué impacto tuvo específicamente en Inglaterra?

¿Qué fue el Renacimiento?

Cuando se oye la frase Renacimiento, es probable que se piense en el arte. Pinturas como la *Mona Lisa* de Leonardo da Vinci, esculturas como el *David* de Miguel Ángel y grandes frescos como *La Escuela de Atenas* de Rafael son la encarnación visual del Renacimiento. Sin embargo, limitar el Renacimiento a un movimiento artístico es malinterpretar en gran medida lo que fue. El Renacimiento fue mucho más que un estilo artístico concreto.

Quizá la forma más fácil de acercarse a lo que fue el Renacimiento sea considerar lo que significa la propia palabra. Renacimiento (*Renaissance* en francés) significa volver a nacer. El Renacimiento recibió este nombre porque supuso un renacimiento del interés por el periodo clásico (la civilización griega y romana). La Edad Media se había caracterizado en gran medida por el dominio de la Iglesia católica romana y de los pensadores teológicos, pero gracias a acontecimientos como la peste negra, la corrupción cada vez más evidente de la Iglesia y un creciente sentimiento de nacionalismo, los sistemas de la Edad Media se desestabilizaron. A medida que su mundo comenzaba a transformarse irremediablemente, la gente se dirigió a otros lugares para dar sentido a lo que estaba sucediendo, lo que finalmente condujo a un renovado interés por la cultura clásica, dando lugar al Renacimiento.

Durante mucho tiempo, esta concepción del Renacimiento se llevó a un nivel más extremo. La Edad Media fue vista como una época oscura de ignorancia, en la que el dogma religioso impedía cualquier sentido real de progreso filosófico, artístico o científico. La realidad es mucho más compleja. La humanidad no se estancó por completo durante el periodo medieval. Ahora sabemos que la Edad Media fue mucho más rica en cultura y pensamiento de lo que la época del Renacimiento nos hace creer.

La expresión Edad Media (que da a entender que este periodo fue en cierto modo una pausa entre la época clásica y el Renacimiento) no se utilizó hasta el Renacimiento. Lo que todo esto significa es que cuando los pensadores del Renacimiento actúan como si estuvieran salvando a la humanidad de una época oscura, debemos tomarlo con precaución. El Renacimiento fue un momento crucial en la historia europea, pero no fue un cambio de paradigma absoluto que salvara a la civilización occidental de la decadencia.

Aun así, el Renacimiento fue una reacción al desmoronamiento gradual de la sociedad medieval y una época de gran transformación. El movimiento que caracterizó la dirección de esta transformación fue el humanismo.

El humanismo, como su nombre indica, toma a la humanidad como tema. En lugar de centrarse en Dios y la teología, que habían sido el motor de los proyectos intelectuales de la Edad Media, los humanistas empezaron a interesarse más por las cosas relacionadas con el ser humano. Eso incluía áreas de estudio como la filosofía, la historia, el arte, el teatro y otras. Son las materias que hoy llamamos humanidades porque implican el estudio de los humanos en cierto nivel.

Este interés por la humanidad no solo afectó a lo que la gente pensaba y estudiaba, sino que también provocó cambios más profundos en la cultura. El interés de la época medieval por Dios había colocado a la humanidad en una posición poco digna. En la Edad Media se hizo gran hincapié en el valor de la penitencia. El humanismo, en cambio, afirmaba la dignidad del hombre. La vida no consistía en la penitencia, sino en el esfuerzo por alcanzar la grandeza creativa. Esta creencia fue la que impulsó los logros científicos, filosóficos y artísticos del Renacimiento.

Sabiendo todo esto, ¿cómo responder a la pregunta de qué fue el Renacimiento? El Renacimiento fue un cambio en el enfoque intelectual de Dios a la humanidad en respuesta a los fracasos de la sociedad medieval. En él se renovó en gran medida el interés por la cultura y el pensamiento clásicos y dio lugar a numerosos logros en el ámbito del arte y la ciencia.

¿Dónde empezó y cómo se extendió?

Ahora que tenemos una idea más clara de lo que fue el Renacimiento, pasemos a la cuestión de la geografía y el calendario. Al igual que una enfermedad, los movimientos intelectuales como el Renacimiento suelen tener un punto de origen y un método de transmisión.

El momento es finales del siglo XIII y el lugar es Italia. El Renacimiento propiamente dicho aún no se había puesto en marcha, pero es aquí donde encontramos las semillas que germinarían en el Renacimiento. En esta época, los problemas de la sociedad medieval eran cada vez más evidentes. A principios del siglo XIV, hombres como Dante (autor de la *Divina comedia*), Giotto (artista) y Petrarca (poeta y erudito) mostraban intereses y estilos humanistas en sus obras. Era el Primer Renacimiento, y parecía que pronto se desarrollaría un Renacimiento en toda regla. Sin embargo, gracias al brote de la peste conocida como la peste negra y a varios conflictos internos, el siglo XIV resultó ser una época dura para los italianos, y el movimiento que podemos ver a partir de Dante, Giotto y Petrarca estuvo a punto de desaparecer.

En el siglo XV, se recuperó un nivel de estabilidad y el Renacimiento surgió realmente en Italia. En ciudades como Florencia, las artes florecieron, y cuando estos artistas estudiaron e imitaron los estilos clásicos, revivieron el interés por la cultura grecorromana. El Renacimiento había llegado.

Está claro que el Renacimiento comenzó en Italia, pero ¿cómo se extendió por toda Europa hasta llegar a Inglaterra? En la actualidad, a menudo damos por sentada nuestra capacidad de encontrar información rápidamente. Gracias a Internet, el mundo está más conectado que nunca, pero en la época medieval y a principios de la moderna, es evidente que no era así. Las nuevas ideas tardaban en difundirse. Si no hubiera sido por un invento muy importante, el Renacimiento probablemente no habría tenido el impacto que tuvo fuera de Italia. Ese invento fue la imprenta.

La primera imprenta que apareció en Europa fue la de Johannes Gutenberg. La imprenta de Gutenberg apareció a mediados del siglo XV y podía imprimir unas 250 hojas por hora. Aunque hoy en día esto no parezca impresionante, antes de la invención de la imprenta mecanizada, la única forma de copiar libros era a mano, lo cual entrañaba que no había libros producidos en masa. Sin la capacidad de producir muchos ejemplares de un libro, no había forma de difundir y compartir la información.

No se puede exagerar la importancia de la imprenta tanto en el Renacimiento como posteriormente en la Reforma. Con la capacidad de producir libros en masa, tanto la educación como la religión cambiaron para siempre. Los estudiantes podían ahora estudiar a los escritores clásicos, y todo el mundo (y por todo el mundo nos referimos a todo el que supiera leer, que era todavía una pequeña parte de la población) podía leer la Biblia. Este acceso al conocimiento, en gran parte, hizo posible el Renacimiento. Sin la imprenta, el renovado interés por el pensamiento y la cultura clásicos nunca habría podido llegar a tanta gente como lo hizo.

Imprenta de la época de Gutenberg
https://commons.wikimedia.org/wiki/File:Gutenberg.press.jpg

Sin embargo, la imprenta no fue la única razón por la que el Renacimiento despegó como lo hizo. En 1492, Cristóbal Colón desembarcó en las Bahamas, descubriendo dos continentes enteros de los que los europeos no tenían conocimiento. En capítulos posteriores hablaremos de esta exploración con más detalle, pero para entender el Renacimiento, esta Era de las Exploraciones fue un factor vital. Los europeos de esta época se enfrentaron al hecho de que el mundo era mucho más grande de lo que habían imaginado. Este nuevo conocimiento trajo consigo mayores niveles de investigación científica y simple curiosidad que ayudaron a impulsar el deseo de conocimiento que caracterizó gran parte del Renacimiento a nivel fundamental.

Este es un resumen básico de cómo empezó y se extendió el Renacimiento, pero ¿cómo terminó? En cierto sentido, el Renacimiento no terminó, ya que las ideas que suscitó siguieron desarrollándose y creando el mundo moderno. Sin embargo, en lo que respecta al estilo artístico y al intenso interés por la cultura clásica, el Renacimiento sí terminó, y el acontecimiento que se suele utilizar para marcar ese final es el saqueo de Roma por las fuerzas del Sacro Imperio Romano Germánico en 1527.

El saqueo de Roma se utiliza para marcar el final del Renacimiento en gran medida porque interrumpió y puso fin al Renacimiento en su lugar de origen, Italia. Sin embargo, si se considera el Renacimiento a escala europea, el final fue mucho más gradual. En última instancia, la Reforma puso fin a gran parte del Renacimiento. La reverencia de la era del Renacimiento por la cultura clásica creó mucha tensión con la fe cristiana. A medida que las cuestiones religiosas estallaban con la Reforma, esta tensión se hacía cada vez más insoportable, provocando finalmente el declive del humanismo, que había definido la era del Renacimiento.

¿Cómo era el Renacimiento?

Hemos mencionado varias veces que el Renacimiento fue testigo de grandes logros en el arte, pero ¿qué incluye eso exactamente? ¿Qué hizo que el arte del Renacimiento fuera tan diferente?

El Renacimiento produjo muchos artistas de talento, pero hay tres que destacan como la quintaesencia del Renacimiento: Leonardo da Vinci, Miguel Ángel y Rafael. Si estudiamos a estos tres hombres, podremos entender mejor tanto el arte del Renacimiento como el propio Renacimiento.

Leonardo da Vinci fue un verdadero hombre del Renacimiento, ya que sus intereses y habilidades abarcaban una amplia gama de temas. El Renacimiento no fue una época de especialización, sino una época en la que se creía que todo el conocimiento y la verdad estaban íntimamente conectados. Puede que conozca a Leonardo da Vinci como el artista que pintó la *Mona Lisa*, pero ¿sabía que también era ingeniero, arquitecto y científico que estudiaba cosas que iban desde la anatomía hasta el vuelo? Leonardo era un hombre ocupado, y lo que captó de la época fue un deseo subyacente de conocimiento. El Renacimiento era mucho más que pintura. El humanismo buscaba un mayor conocimiento de la humanidad, y ese deseo de saber se expresaba de muchas maneras.

Mona Lisa de Leonardo da Vinci
https://commons.wikimedia.org/wiki/File:Mona_Lisa,_by_Leonardo_da_Vinci,_from_C2RMF_retouched.jpg

Si el Renacimiento se centraba en el conocimiento de la humanidad, ¿por qué el arte era una parte tan importante? Estas dos ideas pueden parecer desconectadas, pero en este periodo, el arte era muy valorado como un tipo de conocimiento. Nuestra comprensión del mundo viene en gran parte a través de nuestra vista, y las artes visuales eran, por tanto, un medio para registrar estas observaciones. En aquella época, el arte tenía un carácter casi matemático. Por ejemplo, la obra de Rafael muestra una gran adhesión al equilibrio y la armonía. El arte permitía al hombre ordenar lo que veía del mundo, y al hacerlo, se creía que el hombre podía llegar a comprenderse mejor a sí mismo y su lugar en el mundo.

La Escuela de Atenas, de Rafael
https://commons.wikimedia.org/wiki/File:%22The_School_of_Athens%22_by_Raffaello_Sanzio_da_Urbino.jpg

La obra de Miguel Ángel, en particular, muestra un interés por comprender a la humanidad. Miguel Ángel se consideraba antes que nada un escultor, y sus esculturas, como el *David* y la *Piedad*, muestran su admiración por la forma humana. Sus pinturas, como su trabajo en la Capilla Sixtina, muestran la forma humana con audacia. Esto es lo que hizo que el arte fuera tan importante en el Renacimiento. Artistas como Miguel Ángel defendían la dignidad del hombre en la forma en que representaban visualmente a las personas. Su arte declara la belleza de la forma humana de una manera que el arte de la Edad Media nunca había hecho.

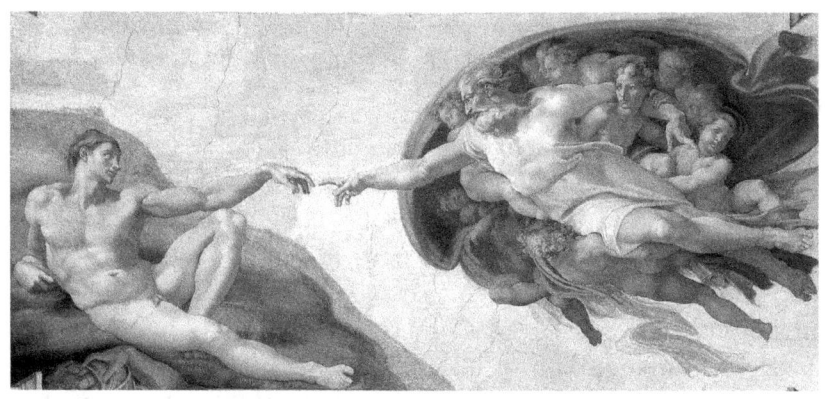

La Creación de Adán de la Capilla Sixtina, de Miguel Ángel
https://commons.wikimedia.org/wiki/File:Creation_of_Adam,_Michelangelo_(1475%E2%80%9315 64),_circa_1511.jpg

En Italia, el Renacimiento se expresó claramente en las artes visuales, pero en otros lugares florecieron otros aspectos de la cultura. El Renacimiento en Inglaterra tuvo un aspecto muy diferente al de su musa italiana.

El Renacimiento en Inglaterra

A pesar del gran aumento de la velocidad de impresión de la imprenta de Gutenberg, la gente no se acercaba ni de lejos a la velocidad con la que la información se difunde hoy en día por el mundo. Los movimientos intelectuales se movían con más lentitud que la peste en la primera época moderna. No fue hasta el siglo XVI cuando el Renacimiento llegó a las costas de Inglaterra.

Las guerras de las Rosas habían puesto fin al periodo medieval en Inglaterra y habían dejado el país en ruinas. Mientras el Renacimiento despuntaba a finales del siglo XV en Italia, en Inglaterra, el primer rey Tudor, Enrique VII, realizaba la monumental tarea de restaurar el orden y la estabilidad. No fue hasta que el hijo de Enrique VII, Enrique VIII, subió al trono que Inglaterra pudo centrarse en la cultura.

En varios aspectos, Enrique VIII fue un rey del Renacimiento. Sabía escribir poesía y tocar música. Conocía el movimiento humanista y estaba interesado en él, y en su corte había muchos grandes pensadores humanistas, como Tomás Moro. Sin embargo, Enrique VIII también era un hombre apasionado. Aunque se rodeó de muchos hombres brillantes de Inglaterra, también se mostró insatisfecho con todos ellos en algún momento, a menudo para gran desgracia de esos hombres. En su corte estaban presentes los valores e intereses del Renacimiento, pero también quedaban relegados a un segundo plano frente a aspiraciones y ambiciones políticas más amplias.

En última instancia, el renacimiento cultural que apareció brevemente en la corte de Enrique VIII se vio eclipsada por los problemas matrimoniales de este y la Reforma. Estas circunstancias se tratarán con gran detalle en el próximo capítulo, pero lo que hay que saber ahora es que estos cambios religiosos perturbaron enormemente al gobierno y a la nación durante muchas décadas. Bajo Enrique VIII, Inglaterra rompió con la Iglesia romana. Bajo su hijo, Eduardo VI, Inglaterra se volvió más protestante, y bajo la reina María, Inglaterra retrocedió brevemente hacia el catolicismo. La exploración y el progreso cultural se ralentizaron ante estas apremiantes cuestiones religiosas. No fue hasta el reinado de Isabel I cuando Inglaterra se mantuvo lo suficientemente estable como para experimentar su propio renacimiento nacional.

A diferencia del Renacimiento italiano, centrado sobre todo en las artes visuales, el renacimiento cultural de Inglaterra de finales del siglo XVI y principios del XVII fue mucho más literario. Fue la época de Shakespeare, y aunque este es el escritor inglés más recordado de este periodo, no fue ni mucho menos el único. John Donne, Christopher Marlowe, Ben Jonson y Edmund Spenser, entre otros, escribieron obras y poemas excepcionales en este periodo.

Pero, ¿qué hizo que la época isabelina fuera tan grandiosa para los escritores ingleses? El renacimiento literario inglés fue, en muchos sentidos, un resultado directo del Renacimiento italiano. La devoción del humanismo por el estudio de los seres humanos llevó a la creación de más escuelas, y la invención de la imprenta hizo posible que esas escuelas tuvieran acceso a más material didáctico, como los textos clásicos, que antes solo habían sido accesibles para una élite. Hombres como Shakespeare y Marlowe se educaron en estas «escuelas de gramática».

Así, debido al impacto del humanismo y el Renacimiento, estos grandes escritores ingleses recibieron una educación clásica centrada en gran medida en el lenguaje. La influencia que esto tuvo en Shakespeare y otros escritores es muy evidente en las numerosas referencias a la literatura clásica que aparecen en sus obras y en su avanzado dominio de la lengua inglesa.

¿Qué entendemos por dominio avanzado de la lengua inglesa? Los escritores de esa época alcanzaron la grandeza literaria no necesariamente por las historias que contaban, sino por su capacidad para utilizar las palabras con precisión y dar forma a las frases con elocuencia. Shakespeare no es reconocido como el escritor inglés más famoso porque se le ocurriera la historia de un hombre que descubre que su tío asesinó a su padre. A Shakespeare no se le ocurrieron muchas de sus historias. Es el escritor inglés más famoso porque escribió frases como «Ser o no ser, esa es la cuestión». Fue la forma en que Shakespeare utilizó las palabras lo que lo hizo grande, y lo mismo puede decirse de muchos de sus contemporáneos. Si en el Renacimiento italiano se alcanzaron nuevas cotas de habilidad y expresión con el pincel, en el Renacimiento inglés ocurrió lo mismo con la pluma.

En esta discusión sobre las grandes habilidades de los escritores ingleses durante este periodo, puede ser fácil caer en un error común, y es que el Renacimiento inglés fuera un asunto snob confinado a la clase alta. Hoy en día, pensamos en Shakespeare y en la poesía como el colmo de la sofisticación, pero eso estaba lejos de ser así en aquella época. A las obras de teatro acudían todas las clases sociales e incluso algunos las consideraban escandalosas e inmorales. Los escritores de esta época escribían sobre cosas como Dios y cuestiones de moralidad, pero también escribían sobre mujeres bonitas y contaban chistes subidos de tono.

La cultura que representaban estos escritores no era algo solo destinado a encontrarse en museos y galerías, sino que era algo vivido por una gran parte de la sociedad, lo que hace que el Renacimiento en su conjunto sea tan importante. Sí, podemos pasar mucho tiempo nombrando a determinados hombres y discutiendo sus obras, pero el Renacimiento no se limitó a estos hombres. Su impacto fue sentido directamente por muchos a través de los cambios que trajo a la educación y la cultura, y todavía podemos ver el impacto de esos cambios en nuestro mundo moderno hoy en día.

Capítulo 6: La Reforma y Enrique VIII

No cabe duda de que uno de los acontecimientos más importantes ocurridos en Inglaterra entre 1485 y 1714 fue su ruptura con el papa y la Iglesia católica romana en 1534. Este acontecimiento tuvo consecuencias drásticas en su momento, y su impacto marcó a Inglaterra durante siglos. Entonces, ¿quién fue el responsable de esta trascendental decisión y cómo ocurrió exactamente?

Como probablemente haya adivinado por el título del capítulo, Enrique VIII fue el monarca que rompió con Roma, pero sus razones para hacerlo estaban lejos de un sentido de convicción religiosa. Todo comenzó con el infructuoso matrimonio de Enrique VIII con Catalina de Aragón en un asunto que fue conocido como el «gran asunto» del rey.

El «gran asunto» del rey

El «gran asunto» del rey era como la gente de la época se refería al intento de Enrique VIII de anular su matrimonio con Catalina de Aragón.

Catalina de Aragón por Joannes Corvus
https://commons.wikimedia.org/wiki/File:Catalina_de_Arag%C3%B3n,_por_un_artista_an%C3%B3nimo.jpg

Catalina de Aragón estaba casada originalmente con el hermano mayor de Enrique, Arturo, pero este murió pocos meses después de su matrimonio. Catalina se casó entonces con Enrique cuando este subió al trono en 1509. La pareja parecía estar bien emparejada hasta que a finales de la década de 1520 apareció Ana Bolena.

El hecho de que a Enrique VIII simplemente le atrajera Ana Bolena no fue un problema para su matrimonio en sí. Enrique VIII ya había tenido otras relaciones extramatrimoniales en ese momento, incluida una con la hermana de Ana, María Bolena. Sin embargo, Ana se negó a convertirse en la amante del rey. No se acostaría con él a menos que estuvieran casados.

La motivación de Ana en este caso era probablemente más la ambición que la virtud, pero su postura resultó ser eficaz. Como buen católico romano, Enrique VIII acudió al papa para que anulara su matrimonio con Catalina y así poder casarse con Ana.

Ana Bolena
https://commons.wikimedia.org/wiki/File:AnneBoleynHever.jpg

Desgraciadamente para Enrique VIII, al papa no le gustaba mucho la idea. En 1527, Roma fue saqueada por el emperador del Sacro Imperio Romano Germánico, Carlos V. El papa era esencialmente prisionero de Carlos V, y Carlos V era el sobrino de Catalina de Aragón. A Carlos no le gustaba la idea de que Enrique VIII repudiara a su tía, y con su ejército rodeando Roma, el papa se inclinaba a favorecer los deseos de Carlos V.

Este dilema se prolongó durante algún tiempo. Ana Bolena se negó a ser la amante del rey. Catalina de Aragón se negó a renunciar a su matrimonio. El papa se negó a anular el matrimonio, y Enrique VIII se negó a rendirse. La situación se prolongó durante años, y el frustrado Enrique VIII acabó tomando medidas sin la aprobación del papa. En 1531, Catalina de Aragón fue expulsada de la corte. Un año después, Enrique VIII y Ana Bolena intercambiaron votos secretos.

Sin embargo, los votos secretos no fueron suficientes para convertir a Ana en reina. En 1533, el más alto funcionario eclesiástico de Inglaterra, Thomas Cranmer, arzobispo de Canterbury, declaró ilegítimo el matrimonio de Enrique con Catalina de Aragón y declaró válido su matrimonio con Ana. El papa quedó muy disgustado, ya que estaba claro que el rey inglés había dado la espalda a Roma. Un año más tarde, el Parlamento aprobó el Acta de Supremacía, que convertía al rey en el jefe de la Iglesia de Inglaterra y hacía oficial la ruptura con Roma.

Hagamos una pausa en esta historia para considerar algunas cosas. En primer lugar, ¿es cierto que Enrique VIII trató de deshacerse de su primera esposa y, en última instancia, rompió con Roma todo porque quería tener relaciones sexuales con Ana Bolena? La negativa de Ana a ser la amante del rey jugó un papel en todo lo que sucedió después, pero hubo otro factor que probablemente tuvo una mayor influencia en el rey.

Catalina de Aragón tenía ya más de cuarenta años, lo que suponía una edad avanzada para una mujer de la época. La reina solo tenía un hijo vivo, y ese hijo era una niña, la princesa María. Cuando Ana Bolena entró en escena en la década de 1520, Enrique VIII probablemente había llegado a la conclusión de que su actual esposa no le iba a dar el heredero varón que deseaba. Su objetivo al casarse con Ana Bolena no era solo satisfacer su lujuria, sino también la esperanza de engendrar un varón.

Antes de juzgar a Enrique VIII con demasiada dureza, debemos reconocer que la falta de un heredero varón en esta época era una preocupación muy real y seria. En ese momento, Inglaterra nunca había sido gobernada por una mujer, y la última vez que una mujer había sido la pretendida heredera al trono, el país había caído en una horrible guerra civil de quince años conocida como la Anarquía. Nada de esto justifica las acciones de Enrique VIII al desprenderse de su esposa tras casi dos décadas de matrimonio, pero sí ayuda a explicar por qué Enrique VIII estaba tan desesperado.

La siguiente cosa interesante que remarcar en esta situación es que Enrique VIII no estaba buscando el divorcio. Aunque mucha gente dice erróneamente hoy en día que Enrique VIII se divorció de tres de sus esposas, ese no era el caso. El divorcio en esa época prácticamente no se permitía. Enrique VIII estaba tratando de obtener una anulación.

¿Cuál es la diferencia? Una anulación declara un matrimonio nulo y sin efecto. No solo pone fin al matrimonio, sino que también hace que todo el matrimonio sea inválido. Si Enrique VIII hubiera conseguido la anulación de Catalina de Aragón, sería como si nunca se hubieran casado. Catalina perdería su título de reina y su hija, la princesa María, sería considerada ilegítima.

Por lo tanto, una anulación era un asunto serio. ¿Por qué Enrique VIII pensó que el papa le concedería una? Enrique VIII tenía un caso para su anulación, y ese caso se basaba en el Libro del Levítico del Antiguo Testamento, específicamente en Levítico 18:16 («No descubrirás la desnudez de la mujer de tu hermano: es la desnudez de tu hermano») y en Levítico 20:21 («Si un hombre toma la mujer de su hermano, es cosa inmunda... no tendrán hijos»). Según estos versículos, parece que un hombre no debe casarse con la mujer de su hermano. Catalina de Aragón había estado casada con el hermano de Enrique, Arturo, antes de su muerte.

Esta cuestión de casarse con la mujer de su hermano ya había surgido. Cuando Enrique y Catalina se casaron originalmente en 1509, tuvieron que contar con la aprobación del papa. Su matrimonio solo se permitió porque Catalina insistió en que nunca había consumado su matrimonio con Arturo, lo que significaba que ella y Arturo nunca estuvieron realmente casados. Enrique VIII esperaba que el nuevo papa anulara esa decisión inicial y declarara inválido su matrimonio con Catalina, lo que le permitiría casarse con Ana y producir un heredero varón.

Todo esto deja entrever que Enrique VIII era simplemente un hombre caprichoso que cambió la religión de todo su país solo porque le gustaba una mujer, pero esta percepción podría no ser del todo cierta (aunque tampoco es del todo errónea). Enrique VIII era un rey sin hijo en una época en la que tales circunstancias solían significar un desastre. Se convenció de que Ana Bolena era la clave para solucionar ese problema.

Así es como los problemas matrimoniales de Enrique VIII llevaron a la creación de la Iglesia de Inglaterra. Sin embargo, nada de esto habría sido posible si Europa no hubiera estado en medio de grandes cambios religiosos en primer lugar. Si Enrique VIII hubiera querido anular su matrimonio cien años antes, y el papa se hubiera negado, habría tenido mala suerte. Para entender realmente por qué Enrique VIII pudo incluso crear la Iglesia de Inglaterra, tenemos que observar más de cerca los cambios religiosos que estaban teniendo lugar en esta época.

La Reforma

La Reforma es uno de los pocos movimientos históricos para los que tenemos una fecha clara de inicio: El 31 de octubre de 1517. Ese día, Martín Lutero clavó en la puerta de una iglesia de Wittenberg sus *noventa y cinco tesis*, que eran un conjunto de puntos de debate contra la Iglesia católica, e inició un movimiento que conduciría a un cisma en la Iglesia y a un largo periodo de tensiones religiosas e incluso guerras en Europa.

Martín Lutero por Lucas Cranach el Viejo
https://commons.wikimedia.org/wiki/File:Martin_Luther,_1529.jpg

En 1517, el hecho de que la Iglesia católica tenía problemas de corrupción no era un secreto. Las indulgencias, una práctica que permitía a la gente pagar sus pecados, eran el tema de moda. Lutero no era el único que tenía problemas con las indulgencias. Pagar los pecados era un asunto de suma importancia para la gente que creía firmemente en el infierno, que era prácticamente todo el mundo. Muchos clérigos abusaron de este miedo para beneficiarse de las indulgencias. Lutero también atacó otros temas en sus *noventa y cinco tesis*, incluyendo la doctrina de la iglesia.

El ataque de Lutero a la doctrina lo diferenció de otros que se habían quejado de la corrupción rampante de la iglesia. Durante mucho tiempo, muchos se habían quejado de que los clérigos corruptos abusaban de sus cargos. Lutero, sin embargo, pasó de atacar a los clérigos individuales a debatir las enseñanzas de la iglesia.

Aun así, es poco probable que Lutero pudiera haber previsto el efecto que tendrían sus *noventa y cinco tesis*. Este tipo de publicaciones normalmente solo interesarían a otros teólogos, pero gracias a la reciente invención de la imprenta, las tesis de Lutero se difundieron rápidamente por toda Alemania, y sus ideas se trasladaron entonces a toda Europa. El genio estaba fuera de la botella, y la Iglesia católica pronto descubrió que no había forma de revertir esto.

Como su nombre indica, la intención original de Lutero era reformar la Iglesia católica. No pretendía provocar una ruptura, pero el papa y otros líderes de la Iglesia romana no querían saber nada de las sugerencias de Lutero. Con el paso del tiempo, Lutero se mostró más en desacuerdo con la Iglesia romana, y la Reforma dio origen a una nueva secta del cristianismo: El protestantismo.

Lutero fue la chispa, pero muchos otros tomaron el manto de la Reforma después de Lutero. Entre ellos se encontraban hombres como Juan Knox, Juan Calvino y otros que pasarían a fundar varias sectas del protestantismo.

Fue en el marco de esta agitación religiosa que Enrique VIII se encontró en desacuerdo con el papa Clemente VII. Muchos reyes antes de Enrique VIII se habían visto frustrados por el poder del papa, pero Enrique fue el primer rey que estuvo en condiciones de hacer algo al respecto. Diecisiete años después de que Lutero publicara sus *noventa y cinco tesis*, Enrique VIII inició la Reforma inglesa rompiendo con la Iglesia católica romana.

La Reforma en Inglaterra

Dado que Inglaterra abandonó la Iglesia católica por razones políticas y no religiosas, la Reforma inglesa fue una transformación completa. No fue el resultado de un cambio en los sentimientos religiosos del pueblo, sino el resultado de que las personas en el poder hicieran cambios en todo el sistema que se extendieron a las masas. ¿Pero cuáles fueron estos cambios?

La Iglesia de Inglaterra de Enrique VIII no fue ni mucho menos una ruptura radical con la Iglesia romana. Aparte de su negación de la autoridad del papa, Enrique VIII parecía mantener las creencias católicas hasta su muerte. Como tal, en la nueva Iglesia de Inglaterra se mantuvo gran parte de la doctrina católica, así como la estructura eclesiástica general con obispos y arzobispos. Los cambios más importantes fueron que el monarca era ahora el jefe de la iglesia en lugar del papa, el sistema de monasterios se extinguió sistemáticamente y la Biblia se publicó por primera vez en inglés.

A pesar de que estos cambios fueron relativamente menores, hubo resistencia. Muchos fueron ejecutados por traición en los años que siguieron a la ruptura con Roma por negarse a aceptar la supremacía del rey sobre la Iglesia, entre ellos hombres destacados como John Fisher y Tomás Moro. También se produjo un levantamiento popular, la peregrinación de Gracia, que Enrique VIII aplastó enérgicamente. Sin embargo, para la gente común, la vida bajo la Iglesia de Inglaterra de Enrique VIII probablemente no se sentía tan diferente de la vida bajo la Iglesia católica romana. Enrique VIII parecía satisfecho con los pocos cambios que había hecho.

Así, la Reforma henryana fue un proceso bastante lento cuyos intereses eran más políticos (la supremacía del rey) que doctrinales. Aquellos que fueron ejecutados debido a las políticas religiosas de Enrique VIII fueron a menudo acusados de traición más que de herejía. Sin embargo, la Reforma inglesa adquiriría un nuevo sabor con la muerte de Enrique y la ascensión de su hijo, Eduardo VI.

Mientras que Enrique VIII puede describirse mejor como un católico al que no le gustaba el papa, Eduardo VI era un protestante de nombre y de creencias. Estaba mucho más interesado que su padre en cambiar las creencias reales del pueblo, y su corto reinado de seis años vio un impulso mucho mayor hacia el protestantismo.

Un ejemplo de este impulso fue el Acta de Uniformidad aprobada en 1549. Esta ley obligaba a las iglesias a utilizar el nuevo *Libro de Oración Común* inglés, escrito por el arzobispo Cranmer. Esto tuvo enormes implicaciones en la vida religiosa del pueblo inglés. El *Libro de Oración Común* se utilizaba para llevar a cabo los servicios, por lo que el Acta de Uniformidad forzó un gran cambio en los servicios religiosos semanales del pueblo llano. Fue un cambio religioso mucho más sustancial que todo lo que había hecho Enrique VIII, y creó una reacción. La rebelión del libro de oración comenzó en respuesta al Acta de Uniformidad y fue sofocada por John Dudley.

Dado que Eduardo solo tenía nueve años cuando subió al trono en 1547, fueron hombres como Dudley los que gobernaron efectivamente el reino. El éxito de Dudley con la rebelión del libro de oración lo convirtió esencialmente en el hombre más poderoso del reino. Fue nombrado duque de Northumberland, y con la esperanza de mantener su nuevo poder, Northumberland (Dudley) quería complacer al rey adolescente.

Fue este deseo de permanecer en el lado bueno de Eduardo VI lo que probablemente impulsó las siguientes acciones de Northumberland. Promovió en gran medida el *Libro de Oración Común*, consiguiendo incluso que Cranmer escribiera una versión más protestante en 1552. Alentó la rotura de imágenes e incluso el encalado de muchos muros de iglesias ornamentadas. Bajo su influencia, una nueva declaración de doctrina eclesiástica, los Cuarenta y dos artículos de la Fe de 1553, estableció un sistema de creencias más protestante para la Iglesia de Inglaterra.

Esta fue la naturaleza de la Reforma eduardiana en Inglaterra. Mientras que la reforma henryana había cambiado la estructura de la iglesia, la reforma eduardiana se propuso hacer que Inglaterra fuera protestante tanto en el nombre como en las creencias. El catolicismo estaba siendo barrido de las costas de Inglaterra bajo la mano firme de hombres como Northumberland.

Sin embargo, circunstancias imprevistas pronto produjeron un serio obstáculo a esta marea arrolladora del protestantismo. Northumberland había apostado por el caballo equivocado. Mientras que su postura religiosa radical era apreciada por Eduardo VI, era una herejía para otros. La hija católica de Enrique VIII, María, era la siguiente en la línea de sucesión al trono, y cuando Eduardo VI murió en 1553, a pesar de un breve intento de poner a lady Jane Grey en el trono, María se convirtió en reina. Aunque Inglaterra se había precipitado hacia el protestantismo bajo Eduardo VI, pronto experimentaría un latigazo religioso. La reina María estaba decidida a devolver a su país a la Iglesia católica romana.

Desgraciadamente para la reina María, para entonces, la Reforma inglesa se había extendido a las masas. Sus intentos de erradicar la herejía del protestantismo solo le valieron el apodo de María la Sangrienta. Aunque la Reforma inglesa había comenzado por los caprichos de un monarca, solo veinte años después, estaba demasiado arraigada en la sociedad inglesa como para que alguien pudiera hacer retroceder la marea.

El intento de María de hacer que Inglaterra volviera a ser católica fue breve. Murió en 1558 y fue sustituida por su hermanastra protestante, Isabel. Los cuarenta y cuatro años de reinado de Isabel I permitieron finalmente establecer una sensación de estabilidad religiosa. Enrique VIII había introducido cambios globales en el sistema, Eduardo VI había impulsado cambios drásticos en la vida religiosa cotidiana y María había intentado hacer retroceder estos cambios. Isabel I eligió un camino más moderado.

Aunque Isabel restauró el protestantismo en Inglaterra, también se resistió firmemente a inclinarse demasiado radicalmente hacia el protestantismo. A pesar del empuje de la creciente secta de los puritanos, la Iglesia de Inglaterra seguía teniendo muchas semejanzas con la Iglesia católica. Era una iglesia lo suficientemente protestante para el pueblo de Inglaterra, pero no lo suficientemente protestante como para provocar cruzadas contra Inglaterra por parte de las naciones católicas. En esta moderación, Inglaterra encontró una relativa paz religiosa a pesar de la agitación religiosa de este periodo. Mientras que Enrique VIII, Eduardo VI y María habían agitado a la nación, Isabel I permitió que esta se asentara y, al hacerlo, consolidó el impacto de la Reforma en Inglaterra. Al final del reinado de Isabel I, Inglaterra era protestante y no había vuelta atrás.

Capítulo 7: Exploración y comercio

Como nos dice la conocida rima, «Colón navegó el océano azul en mil cuatrocientos noventa y dos». Al hacerlo, descubrió inadvertidamente un nuevo mundo. Las consecuencias de este descubrimiento tendrían enormes repercusiones para Inglaterra y el resto del mundo.

Probablemente ya sepa que el descubrimiento de las Américas por parte de Colón fue un acontecimiento fundamental en la historia del mundo, pero hay algo más que sus consecuencias. Si queremos entender la naturaleza del comercio y la exploración a principios de la era moderna, también debemos abordar la cuestión de por qué Colón navegaba por el océano azul en primer lugar. Colón no partió para encontrar un nuevo mundo. Buscaba una ruta por el oeste, hacia Asia, y la razón por la que buscaba esa ruta era bastante simple: el comercio.

El comercio en la primera época moderna

El comercio no fue un invento de la primera época moderna. Hacía tiempo que era una parte esencial de la riqueza de cualquier ciudad o nación. Para que un pueblo pueda ir más allá de una mera existencia de subsistencia, es necesario establecer el comercio para hacer uso de los excedentes y traer bienes que solo se pueden obtener en otros lugares. El comercio es la savia de las ciudades y, a principios de la Edad Moderna, los gobiernos nacionales parecían ser más conscientes de ello. El comercio era la forma en que una nación podía obtener grandes riquezas, necesarias para librar guerras y mantener la defensa.

Los primeros años de la Edad Moderna no nos hacen pensar necesariamente en grandes batallas y tiempos tumultuosos de la misma manera que la Edad Media, pero no por ello dejó de ser una época violenta. Gracias a la Reforma, Europa se vio sacudida por tensiones religiosas que a menudo desembocaron en conflictos armados. También surgieron conflictos dinásticos, así como disputas comerciales. Algunas naciones se convirtieron en potencias mundiales. Otras se esforzaron por intentar ser una de esas naciones, y el comercio era su mejor opción.

Las naciones querían el poder tanto por seguridad como por la esperanza de dominar a otras naciones, pero el poder no se podía tener sin dinero. Y el comercio era donde estaba el dinero. Sin embargo, cuando todo el mundo quiere una parte del pastel, nunca hay suficiente para todos. En estas circunstancias, gobiernos como el de España enviaron a exploradores como Colón a buscar nuevas rutas comerciales. La exploración de este periodo fue principalmente el resultado de la creciente importancia del comercio.

Inglaterra y el comercio

Ahora que entendemos un poco más sobre el comercio en general en este período, vamos a echar un vistazo más de cerca al comercio inglés. Como ya hemos mencionado, el comercio se produce cuando hay un excedente de bienes que pueden cambiarse por otra cosa. Pero, ¿cómo consiguen las ciudades y las naciones un excedente suficiente para empezar a comerciar?

La especialización es el nombre del juego. El comercio es beneficioso porque hay cosas que una nación puede crear fácilmente y otras que solo puede obtener de otras naciones. Para Inglaterra, la lana era el rey indiscutible de las exportaciones. Inglaterra no tenía el clima ni el paisaje para producir vino, seda o cultivar diferentes especias, pero sí tenía muchas ovejas. Estas ovejas producían lana que luego se hilaba y se convertía en tela. La exportación de este tejido representaba más de tres cuartas partes de las exportaciones de Inglaterra al comienzo de la época isabelina.

¿Con quiénes comerciaba Inglaterra exactamente este tejido? Sus socios comerciales estaban cerca de casa. Los tejidos ingleses iban a ciudades de Francia y España, pero sobre todo iban a Amberes. Durante el siglo XVI, al aumentar la importancia del comercio con Asia, Amberes se convirtió en el centro comercial de Europa. La mayor parte de las telas inglesas iban allí, donde luego se vendían y comercializaban por el resto de

Europa.

Mientras que el negocio de exportación de Inglaterra se centraba en un solo producto, sus importaciones eran mucho más variadas. Inglaterra importaba lino, vino, sal, añil (una planta utilizada para fabricar tinte azul), especias, madera, alumbre y muchas otras mercancías de diferentes países. Sorprendentemente, gran parte de lo que Inglaterra importaba procedía de Europa y no de lugares más exóticos y lejanos como China. Mientras que Colón y otros exploradores podrían hacernos pensar que este periodo estaba plagado de largas rutas comerciales, a principios del siglo XVI, gran parte del comercio inglés se centraba en el canal de la Mancha.

Las cosas cambiaron con el tiempo. El sistema comercial de Inglaterra sufrió dos duros golpes a medida que avanzaba el periodo moderno. El primero fue la falta de crecimiento del comercio de la lana. La lana y los tejidos pesados fabricados a partir de ella estaban cerca de ser la única exportación de Inglaterra, y la necesitaban sobre todo los países del norte de Europa. Con el tiempo, hubo menos demanda de este pesado paño de lana. En lugar de crecer, el comercio inglés se estancó, y aunque hubo intentos de solucionarlo desarrollando un paño más ligero (que se denominó "paños nuevos"), los precios de la lana siguieron bajando a principios del siglo XVII.

El problema de la industria de la lana se vio agravado por el otro problema: Amberes. Amberes era el lugar al que Inglaterra enviaba la mayor parte de su lana, pero debido a las numerosas guerras, a finales del siglo XVI, Amberes estaba efectivamente cerrada al comercio inglés. Aunque los mercaderes intentaron encontrar otros lugares para comerciar con su lana, esta simplemente no era el material lucrativo que había sido un siglo antes.

El declive de esta industria fue desastroso no solo para los comerciantes, sino también para el gobierno. El gobierno inglés necesitaba el dinero que aportaba el comercio y estaba dispuesto a intervenir en el mercado para detener el colapso de la industria comercial. El método de la Corona para evitar la crisis fue la concesión de cartas reales a determinadas empresas. Estas cartas creaban monopolios reales, en los que solo los aprobados por el gobierno tenían derecho a comerciar en un área determinada. Entre los ejemplos de compañías creadas por una carta real se encuentran la Compañía de las Indias Orientales, la Compañía de Virginia, la Compañía de la Bahía de Massachusetts, la Compañía de Moscovia, la Compañía de Levante y la Compañía Real de África.

Originalmente, estas compañías se formaron con la esperanza de encontrar nuevos lugares para comerciar con la lana inglesa, pero muchas de ellas pasaron a especializarse en diferentes productos. La Compañía de Virginia se centró en el tabaco. La Compañía de las Indias Orientales se especializó en el té, y la Compañía Real de África comerciaba con esclavos. Aunque varias de estas compañías llegarían a tener un enorme éxito, las cosas no empezaron así. Puesto que sabemos, con la ventaja de la retrospectiva, que Inglaterra acabaría adquiriendo un enorme imperio, puede ser fácil sobrestimar la posición de Inglaterra en el comercio mundial en la última mitad del siglo XVI y principios del XVII.

Con el declive del comercio de la lana, Inglaterra necesitaba establecer vías alternativas de comercio, pero llegó tarde a la fiesta. Gran parte del comercio con Asia ya estaba dominado por los franceses y los holandeses, y España ya había reclamado enormes franjas del Nuevo Mundo. La llegada tardía de Inglaterra la obligó a buscar nuevas rutas comerciales y nuevas tierras para colonizar.

Exploración

Puede que piense que, por el hecho de estar en una isla, Inglaterra tiene fácil acceso a las grandes rutas comerciales, pero ese no era el caso a principios del siglo XVII. Inglaterra no estaba en la mejor posición geográfica para sumergirse en el comercio y la exploración que estaba haciendo tremendamente ricos a países como España.

El problema era que Inglaterra se situaba muy al norte. Los intentos de los ingleses de encontrar rutas hacia el noreste o incluso hacia el noroeste de Asia acabaron en los hielos del Polo Norte. Viajar hacia el oeste llevó a los barcos ingleses no a las Bahamas como Colón, sino a las heladas costas de Terranova. A pesar de la facilidad de acceso al mar, Inglaterra no disponía de ninguna ruta comercial exclusiva. En su lugar, Inglaterra se vio obligada a tratar de encontrar un lugar a lo largo de las rutas ya dominadas por otros países.

Esto no quiere decir que los ingleses no contribuyeran a las grandes expediciones de exploración que se realizaban en esta época. Sir Francis Drake circunnavegó con éxito el globo en un viaje de 1577 a 1580. Sin embargo, Drake también utilizó el viaje como una oportunidad para acosar a los españoles, ganando bastante dinero con su exitosa piratería. A pesar de su piratería, Drake fue acogido por la propia reina Isabel y nombrado caballero a su regreso a Inglaterra.

La circunnavegación del globo por parte de Drake es un ejemplo elocuente de lo que la mayoría de las exploraciones se reducían en esta época: el dinero. Circunnavegar el globo fue una gran hazaña de la perseverancia humana y una indicación de lo mucho que sabían los europeos sobre el mundo, pero también fue una expedición para ganar dinero. Drake asaltó a los españoles y luego utilizó el botín para comprar productos exóticos, como especias, mientras viajaba. Puede que queramos creer que el espíritu de aventura motivaba a los exploradores de principios de la era moderna, pero desde Colón hasta sir Francis Drake, sus motivaciones eran a menudo de naturaleza más pecuniaria.

Guerras comerciales

La economía de los primeros tiempos de la modernidad era algo más que libros de contabilidad y rutas comerciales. Había mucho dinero y poder que ganar y perder en el comercio internacional, y los países estaban dispuestos a ir a la guerra para proteger sus intereses.

Establecer rutas y puestos comerciales era una cosa, pero defenderlos tenía la misma importancia. La piratería era galopante y, en la India, las disputas con los holandeses y los franceses por el derecho a comerciar se intensificaban hasta que la Compañía Inglesa de las Indias Orientales reuniría un gran ejército para luchar contra sus rivales. Así de intensa era la economía en esta época. Las compañías tenían sus propios ejércitos. Los monopolios (lo que significa que solo una empresa podía hacer negocios en una determinada región o con un determinado grupo) eran la norma en esta época, por lo que la única forma de robar negocios a la competencia era utilizar la fuerza.

Inglaterra estaba lejos de ser una mera víctima en todo esto. A finales del siglo XVI, muchos corsarios (piratas) ingleses recibían el apoyo implícito de la reina Isabel en sus incursiones en buques y asentamientos comerciales españoles. Sir Francis Drake, el famoso almirante inglés, fue uno de los que se benefició enormemente del botín que arrebató a los españoles. Los corsarios ingleses acosaron tanto a los españoles que fueron uno de los principales motivos de las hostilidades abiertas entre España e Inglaterra desde 1585 hasta 1604.

A veces, el conflicto de Inglaterra con otras naciones por intereses comerciales iba más allá de la piratería. Inglaterra libró tres guerras en la segunda mitad del siglo XVII con los holandeses. Tanto el conflicto con España como el conflicto con los Países Bajos tenían como objetivo principal establecer la supremacía naval. El país que controlaba los mares controlaba el comercio, y como la armada inglesa dominaba las aguas, la posición de Inglaterra como potencia mundial estaba asegurada.

Sin embargo, el éxito de Inglaterra en la guerra naval no fue el único componente que convirtió a Inglaterra en una potencia dominante. Vencer a sus rivales en la guerra no era suficiente para hacer rica a Inglaterra. El país necesitaba unos ingresos más constantes y fiables, y pronto se dio cuenta de que eso solo podía obtenerse con asentamientos permanentes. La colonización del Nuevo Mundo fue el camino de Inglaterra hacia la riqueza y el poder, y en el capítulo 15 analizaremos cómo funcionó exactamente.

El impacto del comercio y la exploración en el pueblo inglés

Hemos hablado de la importancia que tenían el comercio y la exploración para los gobiernos de esta época, pero ¿hasta dónde llegaba esta importancia en la escala social? Las naciones se hacían más ricas, pero ¿aumentaba esto el nivel de vida del ciudadano medio?

La respuesta es que no. El comercio con otras naciones permitió a Inglaterra importar nuevos productos, pero estos bienes eran a menudo artículos de lujo. La seda, el tafetán y los vinos entraban en Inglaterra en grandes cantidades para la élite, pero estos productos de lujo estaban reservados solo para unos pocos. No contribuían a reforzar la economía de la nación en su conjunto.

Incluso el gobierno inglés era consciente del problema que suponía importar demasiados productos de lujo en lugar de los necesarios. La Corona trató de establecer restricciones a la importación de los artículos frívolos de la élite, pero apenas tuvo otro efecto que el de aumentar el contrabando. Así, aunque el comercio traía dinero a Inglaterra, ese dinero tendía a circular entre la clase alta en lugar de reforzar la nación en su conjunto.

Llegados a este punto, puede que usted haya concluido que el comercio y la exploración no eran más que una estratagema para enriquecer a los ricos y financiar las guerras con las naciones rivales. Sin embargo, había algunos beneficios más allá de tener dinero en efectivo en el tesoro, y algunos de esos beneficios repercutieron en el pueblo inglés.

Durante la época medieval, las catástrofes naturales causaron una destrucción de una magnitud que hoy nos resulta difícil de comprender. La Gran Hambruna del siglo XIV mató entre el 10 y el 15 por ciento de la población inglesa. En la Edad Media, si algo iba mal con las cosechas, simplemente no había ningún otro lugar donde un campesino inglés pudiera conseguir comida. No había seguridad contra la inestabilidad de la naturaleza.

A principios de la era moderna, gracias a las crecientes redes comerciales, por fin había alternativas a la muerte por hambre cuando las cosechas fallaban. Durante los años de malas cosechas, Inglaterra podía importar grano del Báltico, lo que disminuía en gran medida el impacto de las malas cosechas. El comercio hizo poco para poner más dinero en el bolsillo del inglés medio, pero sí ayudó a asegurar que hubiera comida en el mercado para comprar.

El comercio también aportó nuevos elementos a la cultura inglesa. A medida que avanzaba la era moderna y continuaba la exploración, se descubrieron el tabaco y el té, que se convirtieron en productos básicos de la sociedad inglesa. El azúcar del Caribe fue una importante fuente de ingresos para Inglaterra, así como un producto que acabaría llegando a los hogares ingleses de todos. Son innumerables los recursos y productos que llegaron a Inglaterra gracias al comercio y que cambiaron el país para siempre.

Al ampliar los recursos a los que el país tenía acceso, el comercio y la exploración cambiaron a Inglaterra en muchos niveles. Desde las necesidades hasta los nuevos e interesantes productos, el mundo estaba cada vez más interconectado, ya que la gente de diferentes lugares llegó a depender de bienes que solo podían obtener en otros lugares. Las exploraciones pronto condujeron a la colonización como un medio más permanente de conseguir bienes. El mundo estaba cambiando. La gente se estaba acostumbrando a lo que proporcionaba el comercio, y ya no había vuelta atrás.

Capítulo 8: El protestantismo y su crecimiento

En el capítulo 6 analizamos cómo llegó la Reforma a Inglaterra, y aprendimos que la Reforma inglesa fue única porque se trató de una transformación descendente en la que los cambios sistemáticos promulgados por los gobernantes alteraron la religión del país. En este capítulo, pretendemos abordar una cuestión ligeramente diferente: ¿cómo llegó el protestantismo a Inglaterra?

Aunque la Reforma y el protestantismo puedan parecer lo mismo, hay una diferencia. La Reforma fue un movimiento reaccionario a los problemas del pueblo con la Iglesia católica. Comenzó como un intento de reformar la Iglesia católica, pero en su lugar condujo al establecimiento del protestantismo.

El protestantismo es el sistema de creencias (o más bien sistemas de creencias, porque hay muchas sectas diferentes) que surgió como resultado directo de la Reforma. Pasó de criticar al catolicismo a tener un conjunto de creencias doctrinales diferentes y opuestas. Lo que esto significa en Inglaterra en particular es que la Reforma fue una serie de cambios sistemáticos en las formas y prácticas religiosas, pero el protestantismo fue un cambio en la doctrina y las creencias en sí.

La Reforma y el protestantismo están estrechamente ligados, y en muchos casos, incluirlos en el mismo grupo no sería ningún disparate. Sin embargo, Inglaterra es un caso único. Aunque Enrique VIII trajo sin duda la Reforma a Inglaterra, no hizo grandes esfuerzos por desarrollar también el protestantismo. Enrique VIII era un católico que negaba la autoridad del papa. No era un verdadero protestante en ningún sentido de la palabra. Sin embargo, al llevar la Reforma a Inglaterra, Enrique VIII había abierto una puerta, y el protestantismo no tardaría en llegar.

Catolicismo versus protestantismo

Para entender cómo llegó el protestantismo a Inglaterra y cómo le afectó, primero tenemos que entender cuál era la diferencia entre el catolicismo y el protestantismo. Si negar la autoridad del papa no convirtió a Enrique VIII en un protestante de pleno derecho, ¿qué lo hizo?

La principal diferencia entre el catolicismo y el protestantismo en esta época radicaba en dónde encontraban la verdad. Los católicos veían la revelación divina en la Biblia, la tradición eclesiástica y la autoridad de la Iglesia. Aunque se consideraba que la Biblia era la Palabra de Dios, los católicos no podían confiar en la persona común para interpretarla. El clero se encargaba de decir al pueblo lo que decía la Biblia y, al hacerlo, se convertía en fuente de la verdad. El protestantismo, sin embargo, consideraba que solo la Biblia era la fuente de la verdad. El clero y la tradición eclesiástica solo debían seguirse cuando estaban de acuerdo con las Escrituras.

Como los protestantes creían en la autoridad de las escrituras únicamente, pensaban que era importante que todo el mundo pudiera leer la Biblia. Esto condujo a la primera traducción al inglés del buen libro. La negación del clero como fuente de la verdad también significaba que los protestantes veían a los sacerdotes de manera diferente. Los sacerdotes no eran sagrados para los protestantes, por lo que su función pasó a ser menos la de realizar los sacramentos y más la de predicar. Los protestantes incluso rechazaban la idea de que la Eucaristía se transformara en el cuerpo y la sangre literales de Cristo, porque eso suponía que el sacerdote realizara un milagro sobrenatural.

En lo que culminaron estas diferencias y lo que hizo que el debate entre católicos y protestantes fuera tan trascendental fue, en última instancia, un camino diferente hacia el cielo. El catolicismo creía que la salvación era producto tanto de la fe como de las buenas obras. Para llegar al cielo, no solo había que creer, sino que también había que hacer lo que decía la Iglesia participando en los sacramentos. El protestantismo consideraba que solo la fe era el camino de la salvación. El camino al cielo era una cuestión de creencia personal, y un sacerdote o la iglesia no podían hacer nada para poner a alguien en ese camino.

Estas diferencias entre el catolicismo y el protestantismo crearon rápidamente un abismo. Para los católicos, el protestantismo era una herejía. Negaba la autoridad de la Iglesia de Dios y del portavoz de Dios en la Tierra, el papa. Para los protestantes, el catolicismo era blasfemo al sugerir que la obra redentora de Cristo en la cruz necesitaba la ayuda de los humanos en forma de buenas obras. No se podía reconciliar a los dos, y la tensión entre ellos dio lugar a muchos conflictos, tanto a escala individual como nacional.

El deslizamiento hacia el protestantismo

Ahora que tenemos una mejor idea de por qué todo el mundo estaba tan molesto, volvamos a la cuestión del protestantismo en Inglaterra. Cuando Enrique VIII rompió con Roma, negó la autoridad del papa. Como hemos visto en las diferencias entre el catolicismo y el protestantismo, rechazar la autoridad del clero, particularmente del papa, era negar la fuente de la verdad misma. Enrique VIII había conducido a Inglaterra a un abismo, y ahora solo era cuestión de ver a qué velocidad se desmoronaba todo.

Una de las grandes preguntas que debemos hacernos en este punto es lo que todos los demás estaban pensando en ese momento. Claro, Enrique VIII tenía problemas matrimoniales, y no le gustaba que el papa le dijera lo que tenía que hacer, pero tuvo que conseguir que el Parlamento aceptara romper con Roma y crear la Iglesia de Inglaterra.

El hecho de que Enrique VIII no parece haber tenido muchos problemas para conseguir que sus nobles aceptaran abandonar la Iglesia católica indica que el protestantismo tenía al menos algunas raíces en Inglaterra antes de la ruptura con Roma. Estas simpatías protestantes entre las clases dirigentes se hicieron más evidentes después de la ruptura. Personas como Thomas Cromwell, Thomas Cranmer e incluso Ana Bolena trataron de empujar a Enrique VIII hacia ideas más protestantes. Sin embargo, el rey seguía considerándose un buen católico, y otras personas poderosas querían que siguiera siéndolo. En cierto modo, la corte inglesa tras la ruptura con Roma era un microcosmos de las tensiones religiosas en Europa, ya que quienes tenían simpatías católicas y protestantes trataban de influir en el rey.

Sin embargo, el debate entre el catolicismo y el protestantismo no se resolvería en vida de Enrique VIII. Enrique VIII nunca se inclinó realmente por la doctrina protestante, pero mientras negara la autoridad del papa, el catolicismo tampoco era realmente una opción. La corte inglesa seguiría oscilando entre el protestantismo y el catolicismo durante las siguientes décadas hasta Isabel I.

La disolución de los monasterios

La élite inglesa estaba formada por simpatizantes católicos y protestantes, todos los cuales intentaban asegurarse de que el rey o la reina estuvieran de su lado. Pero, ¿qué opinaba el pueblo llano de todo esto? Quizá el mejor lugar para ilustrar la diferencia entre el movimiento hacia el protestantismo en las clases altas y bajas sea la disolución de los monasterios.

Los monasterios eran una institución única en la época medieval y principios de la moderna. A menudo desempeñaban un papel fundamental en el área local, actuando como escuelas y hospitales, pero como instituciones religiosas, eran independientes (no estaban bajo el control del gobierno). Cuando Enrique VIII se convirtió en el jefe de la Iglesia de Inglaterra, combinando efectivamente el gobierno y la iglesia, había que hacer algo con las aproximadamente ochocientas casas religiosas de Inglaterra.

La solución natural parecía ser integrar los monasterios en el nuevo sistema religioso. Esto significaba que los monasterios tenían que aceptar la supremacía del rey. Al hacerse jefe de todos los monasterios, Enrique VIII también se hizo dueño de todas las propiedades monásticas de Inglaterra, que no eran pocas. En esta época, los monasterios poseían alrededor de una cuarta parte de toda la tierra trabajada en Inglaterra. Era una adquisición muy tentadora para Enrique VIII.

Sin embargo, el gobierno no mostró una intención inmediata de disolver los monasterios. Las cosas comenzaron con Enrique VIII enviando comisionados, supervisados por Thomas Cromwell, para visitar y valorar los distintos monasterios. Las expediciones de recolección de información resultaron ser toda una odisea. El gobierno carecía de la infraestructura necesaria para llevar a cabo esa tarea de forma satisfactoria, y los monasterios, hasta entonces independientes, no reaccionaban bien a que el gobierno metiera las narices en sus asuntos. Sin embargo, Cromwell era un hombre decidido y, a pesar de los contratiempos, los comisionados completaron varios circuitos de los monasterios del reino en los años siguientes a la ruptura con Roma.

Durante un tiempo, pareció que el gran interés del gobierno por los monasterios llevaría a la reforma. Sin embargo, en 1536 se aprobó la primera Ley de Supresión, y la escritura estaba en la pared. Todos los monasterios cuyos ingresos ascendían a menos de doscientas libras al año debían ser disueltos. Sus posesiones y tierras iban a ser tomadas por la Corona.

Como se puede imaginar, muchos monasterios no reaccionaron bien a esto. Hubo intentos generalizados de destruir la propiedad monástica y así despojar a la Corona de sus ganancias. Algunos monasterios fueron ayudados en este intento por la población local, mientras que otros encontraron que los lugareños aprovecharon la oportunidad para ayudarse a sí mismos con las propiedades monásticas. La reacción contra la disolución de los monasterios fue tan fuerte que dio lugar a un levantamiento en el norte.

La peregrinación de la Gracia, como llegó a ser conocida, fue aplastada con rapidez por Enrique VIII, pero demostró que había una reacción adversa a las reformas entre la población en general. Los monasterios desempeñaban papeles vitales en las comunidades. Eran un lugar para que los enfermos buscaran tratamiento, para que los niños recibieran alguna educación e incluso para que los pobres buscaran refugio. La disolución de los mismos suponía una notable alteración de la vida local, lo que hizo que algunos protestaran contra la reforma vertical que el gobierno de Enrique VIII había impuesto en Inglaterra. Estaba claro que, independientemente de lo que hubiera decidido el gobierno de Enrique VIII, el pueblo de Inglaterra seguía apegado a sus antiguas instituciones religiosas.

Sin embargo, la peregrinación de Gracia no hizo nada para detener el cambio de tendencia. En 1539, se aprobó la Segunda Ley de Supresión, que permitía la disolución de los monasterios más grandes. En 1541, todos los monasterios de Inglaterra habían sido disueltos.

Los nobles de la sociedad inglesa mostraron mucho menos descontento que la clase trabajadora por esta decisión, y eso fue muy probablemente porque se beneficiaron de ella. Enrique VIII regaló tierras monásticas a sus partidarios, lo que constituyó una forma muy sencilla y eficaz de asegurarse de que un mayor número de miembros de la clase alta se adhiriera, al menos en apariencia, a los cambios religiosos. Con la disolución de los monasterios, Inglaterra se acercaba cada vez más al protestantismo, y las clases bajas se veían arrastradas por él.

Hábitos y creencias

Con movimientos como la disolución de los monasterios, la gente común encontró que sus vidas cambiaban irremediablemente, y hubo malestar. La peregrinación de Gracia de 1536 es un ejemplo de ello, al igual que la rebelión del Libro de Oración de 1549. De estos ejemplos se desprende que Inglaterra no era totalmente protestante en sus creencias, pero en algún momento esa actitud cambió. Cuando Jacobo II subió al trono en 1685, el pueblo inglés no soportaba la idea de un rey católico. ¿Qué cambió? ¿Cómo pasaron los ingleses de practicar un protestantismo forzado por Enrique VIII y Eduardo VI a despreciar a Jacobo II por ser católico?

Una de las razones puede ser simplemente la naturaleza de la religión en este periodo. Hoy en día, vemos la religión como una elección; no solo el querer ser religioso o no, sino que también existe una miríada de diferentes opciones religiosas disponibles. En la Inglaterra moderna temprana, la religión no era una opción. Todo el mundo era religioso y todas las iglesias eran esencialmente iguales. No se podía ir a una iglesia diferente si a uno no le gustaba la forma en que su iglesia celebraba el culto. La religión era un asunto nacional, y todo el mundo en todo el país formaba parte de la misma iglesia.

Esto significaba que, independientemente de las creencias personales, gracias a Enrique VIII y a la Reforma, ahora se rendía culto en un servicio protestante. Y como dicen, el hábito construye el carácter. El cambio de la forma en que el pueblo inglés rendía culto, e incluso lo que se le enseñaba en los servicios, estaba destinado a cambiar también sus creencias.

Dado que la mayoría de la gente tenía poco acceso a la información religiosa fuera de lo que su sacerdote local les decía, esta transición probablemente ocurrió más rápido y más suave de lo que podríamos anticipar, ya que la gente simplemente siguió la orientación de su sacerdote local. Siglos de catolicismo medieval habían entrenado a la mayoría de la gente a seguir al clero, e irónicamente, eso podría haber facilitado la transición de Inglaterra al protestantismo. El estilo descendente de la Reforma inglesa fue eficaz en parte porque el antiguo sistema religioso católico ya contaba con una estructura jerárquica. El protestantismo se extendió simplemente cambiando a las personas que estaban en la cima de esta estructura.

El miedo al papado

Por supuesto, el problema de discutir la propagación del protestantismo es que estamos tratando con una cuestión de creencia personal. Sabemos que el pueblo inglés se vio obligado a actuar de forma más protestante a través de los cambios inculcados por su gobierno, pero es muy difícil rastrear qué hizo exactamente esto en las creencias de la persona promedio.

Sin embargo, podemos hacernos una idea de lo protestante que se estaba volviendo Inglaterra a través de los acontecimientos externos. Sabemos que Inglaterra se estaba volviendo realmente protestante debido al creciente temor al papismo.

Hasta la ruptura con Roma en 1534, Inglaterra era católica. Después de eso, la relación de Inglaterra con la Iglesia católica romana comenzó a deteriorarse. Cuando la reina María subió al trono y trató de empujar a la nación hacia el catolicismo, solo empeoró la opinión del pueblo inglés sobre los católicos. María quemó a unos trescientos protestantes en la hoguera, y muchos más huyeron del país durante su reinado. La propaganda después de la muerte de María solo sirvió para empeorar la imagen de María y la opinión general de los católicos.

El siguiente gran golpe contra los católicos en la mente de los ingleses fue la conspiración de la pólvora de 1605. La conspiración de la pólvora fue un complot urdido por algunos católicos romanos ingleses para hacer estallar el Parlamento y matar al nuevo rey, Jacobo I.

No hay nada que empeore la paranoia más que una conspiración real. La conspiración de la pólvora convirtió a los católicos en la peor clase de villanos a los ojos del pueblo inglés. Hasta el día de hoy, la gente en Inglaterra quema efigies de Guy Fawkes el 5 de noviembre de cada año. Con la conspiración de la pólvora, la desconfianza y el miedo al papismo (catolicismo) empezaron a formar parte de la cultura inglesa.

El gobierno protestante de Inglaterra no vio ninguna razón para frenar esta creciente paranoia, y en 1678, esta había alcanzado su punto álgido. En ese año, un hombre llamado Titus Oates creó una historia según la cual los jesuitas planeaban asesinar a Carlos II y poner a su hermano católico Jacobo en el trono. La conspiración era totalmente inventada, pero dio lugar a docenas de arrestos e incluso ejecuciones. Pasaron años antes de que el gobierno pudiera descubrir la historia de Oates, a pesar de que Titus Oates era un personaje increíblemente poco fiable y con mala reputación.

El éxito del complot papista inventado para agitar a Inglaterra contra los católicos demuestra hasta qué punto el país estaba impregnado de protestantismo. La desconfianza hacia los católicos era casi parte del ser inglés. La hostilidad contra un enemigo común unió al pueblo inglés e incluso contribuyó a un creciente sentimiento de nacionalismo. Cuando Jacobo II, que era un conocido católico, subió al trono, no tuvo ninguna posibilidad.

En 1553, María pudo mantener el trono hasta su muerte, a pesar de ser católica e incluso ordenar la muerte de protestantes. En 1665, Jacobo II solo fue rey durante tres años antes de verse obligado a huir. En el siglo transcurrido entre estos dos gobernantes católicos, Inglaterra había cambiado. Aunque no podemos saber con exactitud en qué momento muchos ingleses aceptaron el protestantismo, sí podemos saber, por la creciente aversión al papado, que este había sido ampliamente aceptado. El catolicismo estaba fuera, y el protestantismo había llegado para quedarse.

Los puritanos

Para cerrar este capítulo sobre el protestantismo en Inglaterra, debemos tomarnos un momento para preguntarnos hasta qué punto era protestante Inglaterra. Se podría pensar, basándose en su odio a los católicos, que Inglaterra era estrictamente protestante, pero eso estaba lejos de ser así. La Iglesia anglicana o la Iglesia de Inglaterra era en muchos aspectos similar a la Iglesia católica.

La mejor manera de entender dónde se encontraba Inglaterra en el espectro protestante es observar a un grupo más pequeño dentro de la escena religiosa de Inglaterra: los puritanos. Su nombre proviene del hecho de que querían purificar la Iglesia de Inglaterra eliminando todas las prácticas católicas romanas. El hecho de que existiera un grupo así ya indica que la Iglesia de Inglaterra no estaba en el extremo del protestantismo.

Los puritanos fueron un grupo bastante franco a lo largo de los siglos XVI y XVII, y por ello fueron una fuente de frustración para el monarca. Los puritanos querían que la Iglesia de Inglaterra fuera mucho más reformada, y había suficientes de ellos en el Parlamento como para que Isabel I tuviera que escucharlos constantemente. Sin embargo, Isabel I estaba decidida a mantener su acuerdo religioso moderado, y los puritanos fueron reprimidos, aunque no eliminados.

Siguieron siendo un grupo franco en Inglaterra, alcanzando el punto álgido de su influencia durante el Interregno, cuando Oliver Cromwell, que era puritano, gobernó Inglaterra como lord protector. Sin embargo, después de la Restauración inglesa, la paciencia de Inglaterra con los puritanos disminuyó drásticamente. Muchos puritanos, al darse cuenta de que nunca podrían crear el estado religioso puro que querían en Inglaterra, se trasladaron a intentar su experimento en las colonias americanas.

Lo que demuestra esta brevísima historia de los puritanos es que Inglaterra nunca abrazó del todo las versiones más radicales del protestantismo que se estaban imponiendo en lugares como Ginebra y Alemania. A partir de la ruptura con Roma en 1534, Inglaterra se deslizó más allá del catolicismo hacia el protestantismo, pero estas variantes terminaron confluyendo en un punto intermedio.

Capítulo 9: Ley(es) y orden

Algunas cosas nunca cambian. No importa la época ni el lugar, la delincuencia y el desorden son algo con lo que toda sociedad tiene que encontrar la manera de lidiar. Sin embargo, el modo en que las distintas sociedades y épocas abordan las cuestiones de la ley y el orden varía enormemente.

En los siglos XVI y XVII, la ley y el orden en Inglaterra tenían un aspecto muy diferente al actual. Si alguien entraba en su casa, no había policía a la que llamar. Si estallaba un motín en la ciudad de Londres, no había un ejército permanente que lo reprimiera. Si lo arrestaban a uno, no había una cárcel a la que enviarlo como castigo. Para mantener la paz y castigar a los delincuentes había que recurrir a medios diferentes de los que utilizamos hoy en día. Algunos de esos medios pueden parecer extraños o incluso brutales, mientras que otros pueden parecer bastante cercanos a nuestros procedimientos modernos.

Derecho consuetudinario frente a derecho estatutario

Antes de entrar en las leyes y procedimientos específicos para hacer frente a la delincuencia, primero tenemos que discutir el desglose básico de la ley inglesa en este período. A principios de la era moderna, el derecho inglés estaba compuesto tanto por el *common law* (derecho consuetudinario) como por el derecho estatutario.

El derecho consuetudinario existe desde la Alta Edad Media y se refiere al derecho basado en la costumbre. El derecho consuetudinario utiliza casos y decisiones anteriores para decidir el curso de acción adecuado en nuevos casos. Antes de que existiera un código legal escrito, el derecho consuetudinario era lo único que mantenía la coherencia y consistencia del sistema judicial inglés.

El derecho estatutario se refiere a las leyes escritas, como las leyes del Parlamento. En Inglaterra, el derecho estatutario no existió hasta el reinado de Eduardo I, a finales del siglo XIII. Esta fue la primera vez que se redactó una legislación que modificaba y aclaraba el derecho común.

Aunque a menudo pensamos que el derecho es un conjunto de normas escritas (que sería el derecho estatutario), tanto el derecho inglés como el estadounidense se basan hoy en día en gran medida en el derecho consuetudinario. Seguir el derecho consuetudinario significa que esperamos que el tribunal se remita a casos anteriores y que actúe de forma coherente en la forma de interpretar la ley. Entonces, cuando un tribunal decide sobre un caso concreto, está añadiendo al derecho consuetudinario. Los tribunales no crean nuevas leyes, pero la forma en que fallan sienta un precedente, y ese precedente forma parte del derecho común.

Los inicios de la era moderna fueron cruciales tanto para el derecho consuetudinario como para el derecho estatutario. En el caso del derecho consuetudinario, en este periodo se hizo mucho más hincapié en la documentación. Aunque el derecho consuetudinario se basa en la costumbre más que en los estatutos, la falta de un registro escrito deja mucho espacio para los abusos. Hay pocas cosas que no puedan reclamarse cuando se trata de un cuerpo abstracto de tradición jurídica.

Poner por escrito el derecho consuetudinario ya existente era de gran importancia, y un hombre llamado sir Edward Coke se encargó de ello. En sus cuatro volúmenes *Institutes of the Lawes of England*, Coke examinó lo que el derecho común decía sobre diversos asuntos legales, creando una documentación muy necesaria y concisa del derecho común. Coke también ayudó al derecho consuetudinario en sus *Reports*, de once volúmenes, que eran una colección de casos judiciales con los comentarios de Coke.

Estos libros se convirtieron en importantes referencias para otros, ya que eran un valioso recurso para aclarar cuáles eran las costumbres del derecho consuetudinario. Dado que el derecho consuetudinario se basa en los precedentes, es fundamental contar con registros de los mismos.

Leyes del Parlamento

Por supuesto, el período moderno temprano también vio cambios en el derecho estatutario, lo que significa que vio la creación de leyes completamente nuevas. Mientras que los jueces y los tribunales son los que crean el derecho consuetudinario a través de sus interpretaciones y precedentes, los legisladores son los que crean el derecho estatutario.

El Parlamento estuvo ciertamente ocupado durante los 229 años del período moderno temprano, y se aprobaron muchísimas leyes. Sin embargo, examinaremos cuatro leyes particulares del Parlamento para tener una mejor idea de lo que incluye el derecho estatutario y cómo se utilizaba en Inglaterra en esta época.

- **Ley de Pobres:** La Ley de Pobres se refiere a numerosas leyes aprobadas en la época isabelina que fueron diseñadas para abordar el creciente problema de la pobreza. Estas leyes otorgaban la responsabilidad de los pobres a las parroquias. Las parroquias debían prestar ayuda a los enfermos, los niños, los discapacitados y los ancianos, además de proporcionar trabajo a los pobres sanos, lo que dio lugar a la creación de casas de trabajo. En el capítulo 11 aprenderemos más sobre las razones por las que Inglaterra se enfrentaba a un problema de pobreza y sobre la eficacia de estos esfuerzos de ayuda.

- **El Libro de los Deportes:** El Libro de los Deportes fue una declaración hecha por Jacobo I en 1618, que permitía las actividades recreativas en domingo. La reacción puritana contra esta orden fue tan fuerte que Jacobo I se vio obligado a retirarla. Carlos I la reinstauró, a pesar de la oposición aún manifiesta, en 1633, pero fue anulada durante el Interregno y no volvió a ser legal hasta la Restauración inglesa en 1660.

- **Código Clarendon:** El Código Clarendon, llamado así porque fue aprobado durante el ministerio de Edward Hyde (el conde de Clarendon), fue una serie de cuatro leyes aprobadas entre 1661 y 1665 que atacaban a los inconformistas o disidentes. Los inconformistas eran protestantes que no se adherían a las creencias y prácticas de la Iglesia de Inglaterra. La Corporation Act, la Act of Uniformity, la Conventicle Act y la Five Mile Act hacían de todo, desde excluir a los inconformistas de los cargos eclesiásticos hasta ilegalizar su culto. Esencialmente, el código fue diseñado para hacer imposible ser un inconformista en Inglaterra.

- **Ley de Tolerancia:** El Código Clarendon demostró ser ineficaz para acabar con los inconformistas. Veinticuatro años después, se aprobó la Ley de Tolerancia. Esta ley concedió la libertad de culto a los inconformistas. Seguían sufriendo discriminación legal en otros ámbitos, como la imposibilidad de ocupar cargos políticos, pero ahora podían tener sus propias iglesias y predicadores.

Estas cuatro leyes del Parlamento ofrecen una breve visión de lo que los legisladores de la primera época moderna estaban interesados en regular. Muchas de las principales leyes de esta época se centraron en la religión, lo que fue producto tanto de la nueva jurisdicción del gobierno inglés sobre los asuntos religiosos tras la ruptura con Roma como de las fuertes tensiones religiosas de la época. La creación de la Iglesia de Inglaterra había combinado el Estado y la Iglesia, y el Estado intentaba averiguar qué aspectos de la religión podía controlar.

Lo que destaca del derecho estatutario de la primera época moderna es su disposición a regular la moral. La frase «ley y orden» revela nuestra propia mentalidad moderna de que el propósito de la ley es mantener el orden. Sin embargo, en la Inglaterra de principios de la Edad Moderna, había una mayor disposición a ir más allá de ese propósito. Leyes como el Libro de los Deportes y el Código Clarendon no tratan necesariamente de mantener el orden, sino más bien de orientar al pueblo hacia ciertos valores y una religión determinada. Sin embargo, en los casos de estas dos leyes, el gobierno pronto aprendió que vigilar la moral y las creencias del pueblo es prácticamente imposible.

La Ley de Tolerancia es una clara señal de que Inglaterra empezaba a aceptar que intentar imponer una religión perfectamente uniforme a su pueblo nunca conduciría a una paz duradera. Utilizar la ley para controlar las creencias personales de la gente simplemente no funciona. La Ley de Tolerancia estaba todavía muy lejos de la libertad religiosa, pero podemos ver un ligero cambio de las leyes que regulan las creencias a una ley que hace concesiones para mantener el orden. Este cambio continuaría con el tiempo, pero incluso hoy en día, está lejos de estar totalmente resuelto. Los gobiernos siguen luchando por encontrar el equilibrio en lo que las leyes pueden y no pueden regular sobre el comportamiento de los ciudadanos.

La delincuencia en la Inglaterra de principios de la Edad Moderna

Hemos hablado largo y tendido sobre la ley, pero eso es solo una parte. Para entender el estado del orden general en la Inglaterra de principios de la Edad Moderna, también tenemos que examinar la delincuencia.

Una suposición que mucha gente hace involuntariamente es que los crímenes violentos eran desenfrenados. Después de todo, era una época en la que los duelos y las peleas a puñetazos eran formas aceptables de resolver un conflicto. También era una época en la que la mayoría de la gente iba armada de alguna manera. Parece una receta para que una sociedad se vea desgarrada por la violencia.

Sorprendentemente, no era así. Los registros de la época muestran que los asesinatos premeditados eran raros. La mayoría de los crímenes violentos eran espontáneos, y estallaban en peleas de borrachos o al calor de una disputa. Sin embargo, incluso estos actos espontáneos de violencia estaban lejos de ser la mayor parte de la actividad criminal. Ese honor corresponde a otra clase de delitos.

Los delitos contra la propiedad eran, con mucho, el delito dominante en la Inglaterra moderna temprana. Los delitos contra la propiedad constituían bastante más de la mitad de los casos judiciales. Era mucho más probable que se cometiera un robo que un asesinato.

Hasta cierto punto, el alto grado de robo tiene mucho sentido. Como hemos visto en el capítulo 7 sobre el comercio y la exploración, los ricos eran cada vez más ricos, pero esto no llegaba a las clases bajas. La brecha solo se hizo más visible por los picos de población que incrementaron el número de personas empobrecidas. No debe sorprender que en una sociedad en la que la pobreza aumenta, el robo sea habitual.

Sin embargo, debemos tener cuidado al utilizar esta explicación de la guerra de clases para explicar todos los delitos contra la propiedad. No todos los delitos contra la propiedad implican que un pobre le quite a un rico. Las clases bajas también se robaban entre sí, y los vecinos de la misma clase estaban dispuestos a enfrentarse a los tribunales por estos delitos, lo que indica que el robo era considerado un delito punible por prácticamente todo el mundo. Aunque es probable que la realidad económica influyera en la prevalencia de los robos, no se trataba de una sociedad envuelta en una secreta guerra de clases en la que los pobres se vitoreaban mutuamente mientras robaban a los ricos.

Hablando de la guerra de clases, algunos delitos sí señalaban la lucha entre las clases de forma mucho más clara. Los disturbios eran bastante comunes y eran utilizados por las clases bajas para expresar su descontento con un tema en particular, como el aumento de los precios de los alimentos.

Lo extraño de los disturbios en este periodo es que parecen haber sido una válvula de seguridad generalmente aceptada a través de la cual se permitía a las clases bajas descargar sus frustraciones. Mientras que el gobierno tendía a reaccionar con dureza contra las rebeliones, que eran revueltas políticas organizadas, su reacción ante los disturbios era relativamente laxa. El sistema feudal jerárquico de la Edad Media estaba desapareciendo, pero todavía existía un sentido paternalista del deber entre las clases altas y bajas. Se suponía que los señores debían cuidar de sus subordinados, y las clases bajas veían los disturbios, a pesar de su ilegalidad, como una forma legítima de recordar a la élite su deber.

Otra forma en la que la delincuencia mostraba a menudo la diferencia entre las clases altas y bajas era en el ámbito de las ofensas morales. Cosas como el adulterio y la embriaguez no solo estaban mal vistas, sino que eran ilegales. Los castigos por estas ofensas solían implicar la humillación pública, como el desfile por las calles o la flagelación en la plaza, para desalentar este tipo de comportamientos.

En general, las clases bajas eran mucho menos propensas a llevar a alguien a los tribunales por este tipo de delitos. Por ejemplo, la élite intentaba prohibir las tabernas no reguladas porque las consideraba antros que fomentaban la inmoralidad. Sin embargo, las clases bajas no tenían ningún problema en que sus vecinos bebieran donde quisieran, por lo que la ley contra las tabernas no reguladas era prácticamente inaplicable.

Por lo tanto, en ciertas ofensas morales, podemos ver una fuerte división entre las actitudes de las clases. Lo que los ricos consideraban criminal, los pobres podían verlo como una mera molestia o totalmente inofensivo. La falta de acuerdo sobre este tipo de delitos dificultaba enormemente su aplicación. El intento de la élite de vigilar la moralidad de la clase baja fue a menudo un esfuerzo infructuoso que demostró lo necesaria que es la coherencia para el poder de la ley.

La aplicación de la ley

Hemos hablado de cómo la gente infringía la ley, pero ¿qué ocurría después de que alguien la infringiera? Como hemos mencionado antes en este capítulo, la cárcel no era una forma común de castigo. Las cárceles en esta época se utilizaban simplemente para retener a los que esperaban un juicio. No eran una forma de castigar a los delincuentes.

El mayor perjuicio de cómo se aplicaba la ley en la Inglaterra moderna temprana era la víctima. Mientras no hubiera muertes, la víctima era la que elegía si se involucraba la ley. Como los castigos eran duros, había casos en los que la gente resolvía sus problemas sin recurrir a una decisión judicial.

Si la víctima decidía denunciar el asunto, informaba al agente, cuya responsabilidad era investigar y realizar la detención. Sin embargo, el agente era un puesto a tiempo parcial, por lo que existía la posibilidad real de que, mientras el agente intentaba hacerlo, el acusado se enterara de todo y huyera.

Si el acusado era detenido, era llevado ante el juez. En ese momento, si la víctima quería procesar al acusado, tenía que pagar los costos de la acusación. Si el juez y la víctima estaban de acuerdo con la acusación, se creaba un acta de acusación. Un gran jurado se reunía entonces y decidía si el caso iba a juicio o si la acusación se desestimaba. Si iba a juicio, el caso se juzgaba ante un jurado, que determinaba la inocencia o la culpabilidad. El juez era el que dictaba la sentencia.

Lo que esta explicación, quizás tediosa, del sistema de justicia nos muestra son dos cosas. Una, que el sistema de justicia de los primeros tiempos modernos tiene mucho en común con muchos sistemas de justicia actuales. El juicio con jurado era la norma, aunque pasaría un tiempo antes de que ese jurado incluyera a alguien que no fuera un hombre blanco terrateniente.

En segundo lugar, había muchos pasos en el proceso, y todos esos pasos dejaban al acusado con muchas posibilidades de salir del paso. Los castigos eran duros. Robar bienes valorados en más de un chelín era un delito que podía llevar al ahorcamiento, pero no debemos asumir que eso significaba que la gente de los primeros tiempos colgaba a todos los que robaban un trozo de pan. Incluso los que llegaban hasta el final del proceso y eran declarados culpables por el jurado, menos de la mitad eran condenados a muerte por el juez. La justicia en la Inglaterra moderna temprana no era tan sádica.

Entonces, ¿por qué los castigos eran tan duros? Recuerde que no había policía. No había un sistema de prevención del crimen. La aplicación de la ley estaba estrictamente regulada para castigar a los criminales. Los castigos eran duros porque se consideraba que era la única forma viable de desalentar la delincuencia. La única forma de evitar que alguien robara era que tuviera más miedo al potencial castigo que se le podría aplicar.

Acusaciones de brujería

Hasta ahora hemos explorado una visión general de la delincuencia, la ley y el orden en la Inglaterra de principios de la Edad Moderna, pero antes de terminar el capítulo, vamos a dedicar tiempo a uno de los aspectos más extraños de la ley y el orden en este período: la brujería.

A pesar de lo que da a entender la película *Monty Python y el Santo Grial*, las acusaciones contra las brujas no eran comunes en la Edad Media. En este periodo, ni siquiera había leyes que prohibieran la brujería. El Parlamento aprobó la primera ley que convertía la brujería en un delito castigado con la muerte en 1542, pero la ley fue derogada solo cinco años después. No se restableció hasta 1562. Las cosas pronto empezaron a descontrolarse.

Durante unos ochenta años en Inglaterra, a partir de la década de 1560, se dispararon las acusaciones y los procesamientos de supuestas brujas. En 1612, en Pendle, doce personas de dos familias fueron acusadas de brujería. De los doce, uno murió mientras esperaba el juicio, y diez fueron declarados culpables y ejecutados. Solo uno de los acusados escapó con vida.

Ha habido una gran cantidad de intentos de explicar este aumento repentino y sin precedentes en la acusación y persecución de brujas. Algunos historiadores lo han relacionado con los cambios religiosos provocados por la Reforma, pero eso no explica necesariamente por qué los acusados tendían a encajar en el estereotipo de bruja, siendo normalmente viejas, pobres, solteras y mujeres. Las feministas sostienen que era el resultado de los intentos de la sociedad patriarcal de ejercer poder y control sobre las mujeres, pero esta explicación no parece explicar por qué las mujeres solían acusar a otras mujeres o por qué este fenómeno se produjo en esta época concreta. La sociedad inglesa había sido sexista (al menos según nuestros estándares) durante mucho tiempo.

En el caso de las brujas de Pendle, parece que hubo múltiples factores en juego. Algunas de las acusadas confesaron creer en sus propios poderes, y hubo una rivalidad entre dos familias que probablemente alimentó las acusaciones. Se utilizaron como pruebas enfermedades y muertes anteriores en el pueblo, y se permitió que un niño de nueve años actuara como testigo clave (algo que no se permitía en los tribunales ingleses de la época para ningún otro delito que no fuera la brujería). Si el juicio a las brujas de Pendle sirve de algo, es difícil y probablemente incorrecto señalar una sola razón como explicación definitiva de este extraño fenómeno.

Los ochenta años en los que estallaron los juicios por brujería sirven como un sombrío recordatorio de que, aunque el período moderno temprano fue la época del Renacimiento y de muchos avances, la superstición seguía abundando. La asunción de que la oscura ignorancia acabó en la Edad Media no era del todo cierta. Acusar a la gente de brujería no era un problema en la Edad Media, sino un fenómeno exclusivamente de la Edad Moderna.

Capítulo 10: Revolución y rebelión

La Inglaterra de principios de la Edad Moderna no fue sino una época de cambios. La Reforma produjo cambios religiosos que se extendieron a todos los niveles de la sociedad. La exploración introdujo nuevos productos y aportó nuevas riquezas. El Renacimiento amplió el alcance de la educación y provocó innovaciones en las artes y las ciencias. La población general crecía y la importancia de las zonas urbanas aumentaba a medida que Inglaterra empezaba a pasar lentamente de una sociedad agraria a una industrial.

Todos esos cambios crearon la Inglaterra que conocemos hoy, pero si hay algo que todos sabemos sobre el cambio, es que es duro. En Inglaterra se respiraba un ambiente de bastante agitación. Una época repleta de cambios también estuvo repleta de revoluciones y rebeliones. He aquí algunas de las más interesantes e importantes de la primera época moderna.

La rebelión de Cornualles (1497)

Cornualles siempre ha tenido un fuerte sentido de identidad y autonomía, y la Rebelión de Cornualles de 1497 es un potente ejemplo de ello.

Fue doce años después de las guerras de las Rosas. El dominio de Enrique VII en el trono era relativamente seguro, pero había quienes no estaban dispuestos a renunciar por completo a la reivindicación yorkina. El problema era un hombre llamado Perkin Warbeck. Warbeck afirmaba ser Ricardo, duque de York, uno de los príncipes que había sido encarcelado en la Torre de Londres por su tío, Ricardo III, y luego presumiblemente asesinado. La historia de Warbeck no era convincente, pero consiguió ganarse el apoyo de Jacobo IV de Escocia, que apoyó a Warbeck como legítimo aspirante al trono inglés, probablemente porque quería causar problemas a Enrique VII y a Inglaterra.

Con el apoyo de Jacobo IV, Warbeck se convirtió en una verdadera amenaza, y Enrique VII tuvo que enfrentarse a él. Sin embargo, esto estaba ocurriendo en Escocia, en el norte. ¿Qué tiene que ver con Cornualles? Luchar en guerras requiere dinero, y como una de las medidas para recaudar dinero, Enrique VII subió los impuestos en Cornualles.

Por mucho que no nos guste que el gobierno suba los impuestos hoy en día, en 1497 era aún peor. Un gobierno centralizado era todavía un concepto relativamente nuevo. La idea de que el gobierno pudiera tomar el dinero de la gente de una región para hacer frente a un problema en otra región era extraña, y al pueblo de Cornualles no le gustaba.

Sin embargo, eso no los habría llevado al límite si Enrique VII no hubiera añadido otro insulto: disolver el Parlamento Stannary. La minería del estaño era tan importante en Cornualles que tenía su propia institución legislativa y de gobierno: el Parlamento Stannary. Aunque el Parlamento Stannary no era técnicamente una asamblea nacional (solo controlaba la minería del estaño), había tanta gente en Cornualles involucrada en la minería del estaño que era una institución poderosa y daba a Cornualles una sensación de autonomía. Por lo tanto, la disolución por parte de Enrique VII fue una bofetada en la cara de los córnicos. Sumado a los nuevos impuestos fue suficiente para llevar a la región al límite.

Los furiosos rebeldes de Cornualles pronto acumularon alrededor de quince mil personas. Eran una amenaza suficiente para que Enrique VII dejara su conflicto con Escocia y llevara sus fuerzas al sur para hacer frente al levantamiento. Los dos bandos se enfrentaron en las afueras de Londres en la batalla de Blackheath el 17 de junio de 1497.

El resultado fue casi inevitable. Los rebeldes estaban en inferioridad numérica y no tenían experiencia militar ni liderazgo. Las fuerzas del rey los aplastaron. Sin embargo, a pesar de perder la batalla, los córnicos consiguieron lo que querían. Enrique VII restauró el Parlamento Stannary, y nunca más intentó gravar a Cornualles con tantos impuestos.

Dado que la rebelión tuvo bastante éxito en sus objetivos, la rebelión de Cornualles de 1497 se considera un punto álgido para Cornualles. Hasta el día de hoy, la región sigue manteniendo un sentimiento de independencia e identidad.

La rebelión del Libro de Oración y la rebelión de Kett (1549)

La rebelión del Libro de Oración y la rebelión de Kett son dos levantamientos populares que se produjeron en diferentes regiones de Inglaterra alrededor de la misma época en 1549.

La rebelión del Libro de Oración, como su nombre indica, comenzó por el *Libro de Oración Común*. El Parlamento había aprobado el Acta de Uniformidad, que exigía el uso del nuevo libro de oración inglés. En el oeste de Inglaterra, el pueblo llano no lo vio con buenos ojos y comenzó a exigir que los servicios volvieran al latín.

El malestar provocado por los cambios en los servicios religiosos se vio agravado por los problemas económicos. La población crecía más rápido de lo que la economía podía adaptarse. Había demasiada gente y no había suficientes empleos y recursos. Estos problemas económicos hicieron que estallara otra rebelión en el norte de Norfolk.

La rebelión de Kett comenzó como una revuelta cuando Robert Kett cercó sus tierras. El cercamiento se produjo cuando la nobleza inglesa se hizo con el control de las tierras comunes, que estaban a disposición de todo el mundo. Se puede imaginar por qué el cercamiento de las tierras enfureció a tanta gente, especialmente en tiempos de penuria económica. La tierra común era a menudo la única a la que tenían acceso los que estaban más abajo en la escala social.

Las revueltas por los cercamientos eran muy frecuentes en esta época, pero lo más destacable de esta resvuelta en Norfolk en 1549 fue que Robert Kett se puso de lado de los manifestantes. Se unió a ellos y terminó liderando una masa de rebeldes. Los rebeldes llegaron a capturar la ciudad de Norwich y enviaron una lista de demandas al gobierno, que incluía peticiones moderadas como la reducción de la renta y otras radicales como el fin de la propiedad privada de la tierra.

Aunque una rebelión era de naturaleza más religiosa y otra más económica, el hecho de que tanto la rebelión del Libro de Oración como la rebelión de Kett estallaran en la misma época demuestra lo tenso que fue este periodo. Los cambios religiosos y los problemas económicos estaban presionando al pueblo inglés, y la olla estaba empezando a bullir.

Finalmente, la olla no llegó a bullir del todo porque ambas rebeliones fueron sofocadas de forma similar: fueron sofocadas brutalmente. John Dudley utilizó las rebeliones como una oportunidad para tomar el poder. Se enfrentó tanto a la rebelión de Kett en el norte como a la rebelión del Libro de Oración en el oeste levantando un ejército y aplastando rápidamente a los rebeldes. De este modo, demostró su capacidad para mantener el orden y se convirtió en el líder de facto del país hasta la muerte de Eduardo VI.

Este tipo de aplastamiento eficaz de las revueltas populares fue típico de la época de los Tudor. Aunque las quejas del pueblo eran a menudo razonables, no se podía permitir la disolución del orden. Esta estricta actitud puede haber evitado que Inglaterra se disolviera en algo más caótico durante el caos de la Reforma.

La guerra civil inglesa (1642-1651)

La guerra civil inglesa tuvo algunas consecuencias drásticas. Terminó con la ejecución de un rey y condujo a once años en los que Inglaterra estuvo sin rey (el Interregno). ¿Pero qué fue lo que la inició en primer lugar?

Como hemos comentado en el capítulo 3, Carlos I era un rey que creía mucho en su poder. Sin embargo, en la década de 1600, el Parlamento llevaba más de cuatrocientos años de existencia, y sus miembros estaban acostumbrados a que los monarcas hicieran caso de sus consejos.

El punto de fricción, como siempre, era la guerra y el dinero. Los monarcas libran guerras, pero las guerras cuestan dinero, y según el sistema de gobierno inglés, los impuestos solo podían aumentarse con el consentimiento del Parlamento. A finales de la década de 1620, el Parlamento estaba harto de la guerra (al menos de las guerras de Carlos I, que seguía perdiendo). Hubo varios desacuerdos entre Carlos I y el Parlamento en esta época, pero culminó con un dramático final del Parlamento en 1629.

El Parlamento y Carlos I estaban en abierto desacuerdo. Carlos I quería de nuevo dinero para hacer guerras, pero el Parlamento no quería dárselo. Viendo que no llegaba a ninguna parte, Carlos I decidió disolver el Parlamento, pero esta vez, la asamblea se negó a irse en silencio. El Parlamento levanta su sesión cuando el presidente de la Cámara de los Comunes anuncia el cese y se levanta de su silla. Cuando el presidente de la Cámara intentó ponerse de pie y levantar la sesión el 2 de marzo de 1629, varios miembros del Parlamento lo retuvieron por la fuerza para que la Cámara pudiera aprobar otras tres resoluciones, todas ellas condenando las acciones de Carlos I. El Parlamento manifestó abiertamente que su misión no era estrictamente cumplir las órdenes del rey. Carlos I estaba furioso. No volvió a convocar una reunión del Parlamento durante los once años siguientes.

El periodo de once años en el que Carlos I intentó gobernar sin el Parlamento se conoce como la Ley Personal, y requirió que Carlos I fuera bastante creativo. Para gobernar un país se necesita dinero. La forma típica en que los gobiernos obtienen ese dinero es a través de los impuestos, y solo el Parlamento podía aprobarlos. Para satisfacer sus necesidades financieras sin la capacidad de recaudar impuestos, Carlos I recurrió a una combinación de presupuestos más estrictos y otros métodos creativos, como la venta de monopolios, la recaudación de multas y el aprovechamiento de los impuestos de leyes olvidadas hace tiempo, pero que seguían estando técnicamente en vigor.

Esto no fue suficiente. Escocia se rebeló, y Carlos I tuvo que disponer de dinero para levantar un ejército. En la primavera de 1640, Carlos I volvió a convocar al Parlamento. El Parlamento, sin embargo, no estaba dispuesto a dar a Carlos I el dinero que quería para levantar un ejército. Después de once años de gobierno personal, el Parlamento no confiaba en Carlos I. Cuando quedó claro que el Parlamento no iba a dar a Carlos I lo que quería, este disolvió la asamblea después de solo tres breves semanas, lo que dio a este acontecimiento el apodo de «Parlamento corto».

Sin embargo, la disolución del Parlamento no resolvió los problemas de Carlos I. Escocia seguía en rebeldía y avanzando en el norte de Inglaterra. Sin dinero, Carlos I no podía reunir un ejército real para detener la invasión escocesa. El propio Londres estaba muy abierto, así que más tarde ese mismo año (1640), Carlos I se vio obligado a convocar el Parlamento una vez más. Esta vez, la reunión sería mucho más larga.

Cuando el «Parlamento largo» se reunió por primera vez, la gran mayoría de la asamblea estaba de acuerdo en que Carlos I había ido demasiado lejos. Un hombre llamado John Pym se erigió como el líder de esta enorme mayoría, y el Parlamento comenzó a aprobar proyectos de ley para reformar la política del rey. Con la amenaza de Escocia pendiendo sobre él, Carlos I se vio obligado a aceptar. Sin embargo, con el paso del tiempo, los proyectos de ley se volvieron más y más radicales. El Parlamento empezó a perder su frente unificado contra el rey, ya que los conservadores y luego los moderados empezaron a pensar que Pym y su partido estaban yendo demasiado lejos. Aunque podían estar en desacuerdo con la política del rey, muchos no cuestionaban su derecho a gobernar, y los ataques al poder real fueron perdiendo apoyo.

A finales de 1641, el Parlamento, que había estado firmemente unido a principios de 1640, estaba dividido en dos. Cuando Pym presentó la Gran Protesta (*Grand Remonstrance*), que era una lista de agravios con el rey, el grupo radical de Pym apenas ganó la votación, siendo el recuento final de 158 a 149. El Parlamento y el país se dividieron en dos grupos: Monárquicos y Parlamentarios. Los monárquicos creían que el rey debía seguir siendo el gobernante en la práctica, mientras que los parlamentarios querían impulsar el gobierno hacia una monarquía constitucional.

En ese momento, con el país dividido por la mitad, Irlanda se rebeló. Con Escocia e Irlanda levantadas en armas, Inglaterra necesitaba un ejército, pero que el Parlamento o el rey levantaran uno sería visto como una amenaza por el otro bando. La confianza entre el bando monárquico y el parlamentario se había deteriorado hasta tal punto que ya no había camino a seguir. Cada bando se armó, y cuando Carlos I levantó su estandarte el 22 de agosto de 1642, comenzó la guerra civil inglesa.

Sumergirnos en los detalles militares de este conflicto ocuparía muchas páginas, pero las hostilidades duraron unos nueve años. El conflicto principal entre las fuerzas de Carlos I (apodadas los *cavaliers*) y los parlamentarios (apodados los *roundheads* por su pelo corto) duró unos cuatro años, de 1642 a 1646. Aunque los cavaliers obtuvieron buenos resultados al principio del conflicto, no pudieron capturar Londres, sin lo cual era imposible poner un verdadero fin al conflicto. Durante este tiempo, Oliver Cromwell se alzó como un competente líder militar de los roundheads.

Cromwell en la batalla de Naseby por Charles Landseer
https://commons.wikimedia.org/wiki/File:Charles_Landseer_Cromwell_Battle_of_Naseby.JPG

El punto de inflexión fue la batalla de Naseby (14 de junio de 1645). Aquí, los roundheads obtuvieron una victoria decisiva, y la fortuna se volvió en contra de los cavaliers. Las fuerzas monárquicas siguieron perdiendo batallas, y con la ayuda de los escoceses, el Parlamento derrotó a las fuerzas del rey en 1646.

Ahora bien, lo que debía ocurrir en este punto estaba claro para todos los implicados. No era la primera vez que los desacuerdos entre el monarca y la élite gobernante llegaban a las armas. Barones y reyes habían luchado entre sí en la época medieval, y cuando el rey perdía tales conflictos, el procedimiento normal era que el rey hiciera concesiones. Vencer al rey en una guerra significaba que tenía que aceptar las exigencias de los vencedores. No significaba que dejara de ser rey.

En 1646, esto es lo que todo el mundo esperaba que ocurriera. Carlos I había perdido, y tendría que conceder al menos algún deseo a los parlamentarios. Sin embargo, Carlos I decidió que no haría ninguna concesión. A pesar de haber perdido la guerra y estar bajo arresto domiciliario, Carlos I creía tan firmemente en su propia soberanía que se negó a negociar con los vencedores. Los esfuerzos por hablar con el rey y llegar a un acuerdo duraron tres años. Finalmente, en 1649, el Parlamento recurrió a medidas drásticas. Carlos I fue juzgado por traición y ejecutado. Inglaterra había matado a su rey.

La lucha se prolongó tras la ejecución de Carlos I, durando hasta aproximadamente 1652. Tanto Irlanda como Escocia optaron por apoyar a Carlos II, hijo de Carlos I, pero Cromwell y su ejército lograron derrotar a todos los oponentes. Cuando Carlos II huyó a Francia en 1651, las hostilidades terminaron. La guerra civil inglesa había terminado, e Inglaterra había derrocado a su rey.

Sabemos, con el beneficio de la retrospectiva, que esta situación no duró. Inglaterra estuvo sin rey durante once años, durante los cuales Oliver Cromwell gobernó como lord protector. Una vez muerto Cromwell, Inglaterra se encontró sin saber cómo proceder, y Carlos II fue invitado a volver. La monarquía fue restaurada en 1660.

Debido a que la monarquía fue restaurada, hoy en día mucha gente pasa por alto la guerra civil inglesa al considerar el fin de la monarquía y el comienzo de la democracia en Europa. Solemos considerar las revoluciones estadounidense y francesa como el principio del fin de la monarquía, pero un siglo antes de esas revoluciones, Inglaterra había demostrado que, efectivamente, había un límite para que un rey pudiera ejercer su poder.

El hecho de que Inglaterra restaurara su monarquía después de este tumultuoso período simplemente demuestra que todavía había relativamente poca comprensión o reflexión sobre cómo sería un gobierno alternativo. Bajo Cromwell, el gobierno de Inglaterra estaba mucho más cerca de una monarquía constitucional que de una república. Sin embargo, la guerra civil inglesa es importante. Desencadenaría un siglo de pensamiento y filosofía política que sentaría las bases para las posteriores revoluciones estadounidense y francesa.

La Revolución Gloriosa (1688-1689)

¿Qué hace que una revolución sea gloriosa? ¿Es la lucha por una causa noble? ¿Es el derrocamiento sangriento de un gobierno tiránico? ¿Es el derrocamiento de un sistema antiguo para ser sustituido por algo nuevo? En el caso de la Revolución Gloriosa, fue todo lo contrario. La Revolución Gloriosa fue casi incruenta, y fue una revolución contra el cambio más que a favor del cambio. Todo comenzó con el mayor temor de Inglaterra: un monarca católico.

Si le interesa saber cómo era realmente Jacobo II, debería leer el perfil sobre él en el capítulo 3, pero para entender por qué se produjo la Revolución Gloriosa, hay que saber algunos puntos clave.

1. Jacobo II era católico romano. Esto lo hizo instantáneamente sospechoso a los ojos de casi todos los ingleses decentes.

2. Jacobo II reaccionó mal ante la desconfianza de su pueblo. Sintiendo que no podía confiar en los anglicanos, comenzó a llenar su corte de católicos y disidentes, dos grupos impopulares.

3. Jacobo II cometió el error de intentar imponer más tolerancia religiosa al pueblo inglés. Quiso derogar las leyes discriminatorias contra católicos y disidentes. Mientras que hoy en día podemos esperar que la discriminación basada en la religión sea mala, en la Inglaterra del siglo XVII, la tolerancia religiosa era una medida muy impopular.

4. El último pecado de Jacobo II fue ser padre. Aunque tenía dos hijas protestantes, en 1688, la nueva esposa católica de Jacobo dio a luz a un hijo. La nación se horrorizó. Un rey católico era una cosa, pero un heredero católico era insoportable.

Gracias a la combinación de estas cuatro cosas, Jacobo II fue un rey muy impopular. De hecho, era tan impopular que en el verano en que nació su hijo, un grupo de los hombres más poderosos de Inglaterra tomó una medida drástica. Invitaron a Guillermo de Orange a invadir Inglaterra.

¿Pero quién era Guillermo de Orange? Él era el marido de María, la hija mayor de Jacobo. Ella era, por tanto, excluyendo al nuevo hijo de Jaime II, la siguiente en la línea de sucesión al trono, y era una buena protestante. Además, su marido, Guillermo, era un comandante militar capaz. Estaba profundamente involucrado en un conflicto con la nación católica de Francia, y vio que ayudar a librar a Inglaterra de su monarca católico era una forma de asegurar la ayuda inglesa. Era el salvador protestante que rescataría a Inglaterra de los católicos.

Guillermo de Orange desembarcando en Inglaterra por Hoynck van Papendrecht
https://commons.wikimedia.org/wiki/File:William_of_Orange_III_and_his_Dutch_army_land_in_Brixham,_1688.jpg

El 5 de noviembre de 1688, Guillermo de Orange desembarcó en Inglaterra con una fuerza invasora. Aunque el desembarco había resultado fácil debido a los vientos fortuitos, Jacobo II seguía teniendo un gran ejército. Era muy probable que lograra hacer retroceder al posible invasor hacia el mar.

Al menos, debería haber sido muy probable, pero se trataba de un invasor que había sido invitado por el propio pueblo de Jacobo II, y esas lealtades crispadas pronto comenzaron a manifestarse. Los asesores y comandantes de Jacobo II lo abandonaron, desertando al lado de Guillermo. Jacobo vio las cosas claras y escapó al continente.

Después de que Jacobo II escapara, Guillermo de Orange marchó a Londres al frente de un ejército invasor que ni siquiera había tenido que utilizar. Aunque hubo un debate en el Parlamento sobre la conveniencia de dar la corona a Guillermo, finalmente se decidió que, al huir, Jacobo II había abdicado del trono. Guillermo y María fueron nombrados rey y reina de Inglaterra.

La Revolución Gloriosa recibió su nombre porque fue una transición de poder incruenta y extremadamente suave. Esta suave transición también hizo que la gente pensara que había sido ordenada divinamente, lo que aumentó la idea de que era «gloriosa».

La Revolución Gloriosa fue la prueba de que no todas las revoluciones tenían que ser tan sangrientas como la guerra civil inglesa. Sin embargo, irónicamente, la Revolución Gloriosa no fue demasiado revolucionaria. Fue una revolución iniciada por el miedo al catolicismo y la aversión a la tolerancia religiosa.

Capítulo 11: La estructura de la sociedad

Hasta ahora en este libro, hemos dedicado la mayor parte de nuestra atención a las grandes tendencias y acontecimientos de la época. Hemos hablado de revoluciones, monarcas, religión y comercio. Estas son las grandes pinceladas que componen la historia.

¿Pero qué hay de las pequeñas pinceladas de la historia? ¿Cómo era la vida en Inglaterra en los siglos XVI y XVII? ¿Cuál era la diferencia en la vida cotidiana de la élite y de los pobres? En este capítulo, echaremos un vistazo a la sociedad inglesa de principios de la Edad Moderna. Desde la estructura jerárquica hasta las diferencias entre géneros, entre otras cosas, aprenderemos lo que se podía esperar de la vida en la Inglaterra de principios de la Edad Moderna.

La gran cadena del ser

El hecho de que la sociedad tienda a dividirse en diferentes clases es un hecho universal de la humanidad. Cuando se juntan suficientes personas durante un periodo de tiempo suficientemente largo, finalmente surgen los «que tienen» y los «que no tienen». El problema económico fundamental de la escasez significa que, mientras tengamos recursos limitados, siempre habrá ricos y pobres.

Sin embargo, aunque la existencia de la disparidad en la economía significa que la división de clases es casi inevitable, las clases sociales están lejos de ser universales en cuanto a su aparición en cada sociedad. Las divisiones de facto de la economía son a menudo solo el principio. Se convierten en permanentes o se añaden a las divisiones basadas en cosas como la raza, el linaje, la religión, etc. La imagen de «los que tienen» y «los que no tienen» se vuelve mucho más compleja cuando añadimos estas otras consideraciones sociales. En esencia, las estructuras sociales pueden ser muy similares en el tiempo y el espacio, pero el contexto individual hace que esa estructura sea única. Por lo tanto, nuestra pregunta no es si la Inglaterra de principios de la Edad Moderna tenía clases sociales, sino qué es lo que definía este periodo y hacía que sus clases sociales fueran únicas.

En la Inglaterra de principios de la Edad Moderna, el principio rector que sustentaba la jerarquía social era un concepto filosófico conocido como la «Gran cadena del ser». La «Gran cadena del ser» fue introducida por primera vez por los neoplatónicos y vio un renacimiento del interés en Europa durante el Renacimiento. Consta de tres puntos principales: plenitud, continuidad y gradación.

La plenitud es la idea de que el universo está «lleno». Todo lo posible existe. La continuidad es la idea de que, aunque el universo es infinitamente diverso (como se establece en el punto de la plenitud), todo en el universo comparte un atributo con otra cosa. Nada es totalmente único. El último punto, la gradación, dice entonces que los puntos comunes entre los distintos componentes del universo no son aleatorios, sino que existen en una jerarquía lineal. La cima de esta jerarquía es la perfección misma, que comúnmente se entendía como Dios, y la jerarquía luego desciende, con cada componente volviéndose menos «perfecto» hasta abarcar todo lo existente.

Tal vez se pregunte qué tiene que ver un concepto filosófico de este tipo con la estructura social, y la respuesta radica en gran parte en el concepto de jerarquía. La «Gran cadena del ser» considera que el universo está ordenado mediante una jerarquía. Si el universo es una jerarquía, entonces la jerarquía social natural que surge a través de la economía y otros factores es una parte del orden del universo. No se trata solo de que un noble tenga más dinero y, por tanto, esté en una posición más elevada que un campesino. Es que esta disparidad forma parte de la naturaleza misma de la existencia. La «Gran cadena del ser» ofrece una explicación y una justificación de las clases sociales. Intentar salirse de la propia clase social sería anular el propio orden del universo. Para mantener la estabilidad, la jerarquía social debe mantenerse.

Antes de descartar inmediatamente esta forma de entender el mundo como nada más que un truco para mantener a las clases bajas, hay que recordar que la gente de esta época tenía más miedo a la anarquía. Estaban saliendo de la Edad Media, que era una época llena de sangrientos conflictos internos. Para la gente de la Inglaterra de principios de la Edad Moderna, especialmente la élite, era más importante mantener el orden que asegurar que la gente tuviera libertad personal. Esto no quiere decir que estuvieran en lo cierto sobre la «Gran cadena del ser», pero debemos recordar que los diferentes valores hacen que la sociedad se estructure de forma diferente. Si la sociedad valora más el orden que la libertad, tiende a ser más estricta con las jerarquías sociales.

Las clases sociales

Entonces, ¿cuáles eran las clases sociales en la Inglaterra moderna temprana? Hoy en día, podríamos utilizar términos como clase alta, media y baja, pero en la Inglaterra moderna temprana, las cosas eran un poco más específicas. Las clases sociales, por orden, eran la nobleza, la alta burguesía, los pequeños propietarios y los pobres.

La nobleza y la alta burguesía eran la élite de la sociedad. Los nobles eran los que tenían títulos aristocráticos. Además de la realeza, la nobleza incluye (por orden de rango) a duques, marqueses, condes, vizcondes y barones. Son los miembros de la sociedad inglesa que se sentaban en la Cámara de los Lores y que rodeaban al monarca. A principios de la Edad Moderna aumentó el número de familias nobles. Tras las sangrientas guerras de las Rosas, el número de familias nobles que quedaban en Inglaterra era inferior a cincuenta. Ese número creció de forma constante a lo largo de los siglos XVI y XVII, pero, aun así, la nobleza constituía una parte muy pequeña de la sociedad, y el número total de familias nobles a principios de la Edad Moderna no llegaba a los doscientos.

Por el contrario, la alta burguesía creció mucho más rápidamente, y en parte ello se debió a que se estaba ampliando el concepto de quiénes eran los caballeros. Tradicionalmente, los caballeros eran aquellos que poseían tierras, pero no formaban parte de la nobleza. Esto incluía a los caballeros, los escuderos y los barones, un título añadido por Jacobo I. Los caballeros también podían incluir a aquellos que, sin ningún título, eran propietarios de una propiedad. Este concepto de caballero comenzó a ampliarse una vez que los profesionales con educación podían ser considerados miembros de la alta burguesía.

En resumen, la definición de caballero era un poco vaga. Lo principal para toda la élite era que no trabajaba. Esto no significaba que la nobleza y la alta burguesía no hicieran nunca absolutamente nada (aunque podría implicar eso también). La definición de trabajo en aquellos días significaba trabajo manual. La élite no trabajaba con sus manos, pero sí trabajaba en el gobierno y dirigía sus propiedades.

El siguiente grupo en la escala social era el de los pequeños propietarios, que era el más cercano a la clase media. Los *yeomen* (pequeños propietarios) eran dueños de la tierra o eran *freeholders* (personas que técnicamente alquilaban la tierra, pero que no podían ser desalojadas y que podían hacer con la tierra lo que quisieran). Por lo general, los pequeños propietarios trabajaban sus propias tierras, pero tenían la suficiente capacidad económica como para tener peones y sirvientes. Sus hijos (y en ocasiones sus hijas) solían recibir al menos algo de educación.

Estos tres grupos principales eran los que poseían toda la tierra en Inglaterra, pero solo constituían alrededor del 10% de la población. El otro 90% de los habitantes de Inglaterra eran considerados pobres.

La clase pobre es un término muy amplio que abarca un gran espectro. Los que estaban por debajo de los pequeños propietarios eran los aldeanos y los labradores. Los labradores eran arrendatarios que alquilaban tierras que trabajaban para obtener alimentos e ingresos. Los términos de sus contratos de arrendamiento solían ser duros y podían ser expulsados en cualquier momento. Los aldeanos alquilaban casas de campo a los terratenientes, pero solían tener poca o ninguna tierra, lo que los obligaba a ganar un sueldo para mantenerse.

Después de los labradores y de los aldeanos se encontraban los sin techo, los que emigraban en busca de trabajo o los que se habían convertido en indigentes hasta el punto de perder sus casas. La sociedad no tenía lugar para estas personas. No encajaban en el orden social establecido de propietarios y arrendatarios, violando así la «Gran cadena del ser». Debido a esta violación del orden natural, se desconfiaba mucho de este grupo, pero su número seguía creciendo.

Había una brecha importante entre los labradores y los pobres migratorios sin hogar, pero todos ellos se incluían en una única clase social debido a lo fácil que era moverse entre ellas. Las clases sociales de entonces tenían unos límites bastante rígidos. No era fácil (o a menudo ni siquiera posible desde el punto de vista realista) pasar de una clase social a otra, pero cuando llegaban los tiempos difíciles, era muy fácil que un aldeano o un labrador se empobreciera por completo y perdiera su casa.

El incremento de los pobres

La pobreza y el creciente número de pobres migratorios aumentaron en la Inglaterra de principios de la Edad Moderna.

La mayor razón del aumento del número de pobres era una simple cuestión de aritmética. La población de la Inglaterra de principios de la Edad Moderna aumentaba drásticamente, duplicándose en más de 75 años (de 1525 a 1600).

Desgraciadamente, la tecnología agrícola no avanzó con la misma rapidez. La producción de alimentos no aumentó al mismo ritmo que la población. Esto hizo que los precios de los alimentos aumentaran mientras los salarios se mantenían igual. El resultado fue inevitable para muchas personas. No podían comprar alimentos ni pagar el alquiler. Con el tiempo, perdieron sus casas y tuvieron que recurrir a la mendicidad o a vagar en busca de trabajo.

El creciente número de pobres se convirtió en un problema aún mayor tras la Reforma y la disolución de los monasterios. El énfasis del catolicismo en las buenas obras convirtió el cuidado de los pobres en un deber. Con el énfasis protestante en la sola fe, la cantidad de caridad privada disminuyó gradualmente.

Peor aún fue la disolución de los monasterios. Los monasterios habían sido lugares donde los pobres podían buscar atención médica y otras necesidades básicas. Con su desaparición, Inglaterra había perdido sus mayores instituciones de caridad en un momento en que la pobreza iba en aumento.

Debido a estos problemas, durante el reinado de Isabel I se aprobó la primera Ley de Pobres de Inglaterra. Por primera vez se consideró que los pobres eran responsabilidad del Estado y no de la Iglesia. Las nuevas leyes hacían que cada parroquia local fuera responsable del cuidado de sus pobres, y el dinero para ello se recaudaba a través de los impuestos locales.

¿Cómo ayudaba el gobierno a los pobres? Los pobres sanos eran enviados a casas de trabajo, donde realizaban algún tipo de trabajo, como hilar lana, y a cambio recibían, en teoría, cuidados. Las casas de trabajo no eran lugares agradables. Las familias estaban separadas y los habitantes eran tratados con dureza.

El estado miserable de las casas de trabajo demuestra la visión hostil que mucha gente de esta época tenía de los pobres. Las personas sanas que no trabajaban eran consideradas perezosas y criminales. No se comprendía la idea de que podía haber más gente que trabajo. Esto nunca había sucedido antes, por lo que la sociedad veía a esta creciente clase de vagabundos como desviados a propósito. Abundaban las historias sobre grupos de delincuentes empedernidos que vagaban por el campo, aunque eran completamente infundadas.

La desconfianza y la dureza del trato hicieron que muchos de los pobres buscaran una vida mejor en otro lugar. Muchos optaron por viajar a las colonias como siervos contratados. Algunas colonias fueron incluso diseñadas para dar cabida al creciente número de deudores y otros indeseables de Inglaterra.

Este problema de la pobreza no implicaba sino que Inglaterra estaba creciendo. Este periodo fue el comienzo de la modernización, pero ese desarrollo no vino sin desafíos.

La vida privada

Estos son los grupos que conformaban la estructura social de la Inglaterra moderna temprana, pero ¿cómo era la vida de las diferentes clases? Como se puede suponer, la vida era muy diferente para la élite y para las clases bajas.

Durante la Edad Media, las clases altas eran los luchadores de la sociedad. El feudalismo era un sistema basado en la idea de que las clases bajas trabajaban la tierra y proveían las necesidades de la vida, mientras que las clases altas protegían la tierra. A principios de la era moderna, el papel de la élite gobernante empezó a cambiar, pasando de centrarse en la guerra a los servicios. Los nobles eran los administradores que dirigían el gobierno y, a través de él, la economía, el sistema de justicia, etc.

Este tipo de funciones significaba que la vida de la clase alta era un asunto público. Cuando las mujeres de la nobleza daban a luz, sus bebés solían ser entregados a una nodriza para que la madre pudiera volver a dirigir la casa lo antes posible. El matrimonio era un intercambio económico y estratégico que requería planificación y afectaba a mucho más que a la pareja. Con el paso del tiempo, los nobles empezaron a pasar más tiempo en Londres en lugar de en sus apartadas propiedades, ya que querían estar cerca de la sede del gobierno y de los cargos que ocupaban o deseaban ocupar. En la época medieval, los señores locales ejercían el control sobre una región determinada. A principios de la era moderna, el poder de las clases altas se nacionalizó en el gobierno central.

El creciente papel público de las clases altas supuso una carga para su vida privada. Los matrimonios podían pasar la mayor parte de su vida separados, ya que las esposas se quedaban en el campo administrando las propiedades mientras sus maridos trabajaban en Londres. Los hijos se separaban de sus padres casi desde que nacían. Incluso cuando estaban en casa, se esperaba que la élite actuara con frecuencia como anfitriona.

El efecto que esto tuvo en la psique de las clases altas se refleja en la disposición de sus casas. Las casas de los ricos solían tener forma de E o de H, lo que permitía tener distintas alas. Un lado de la casa se destinaba a la vida pública, como las cenas copiosas y la recepción de invitados. En el otro lado se encontraban los aposentos privados de la familia, donde podían retirarse de la vista del público. En esta época incluso se incluyó una sala de retiro (este término se acortó finalmente a salón) donde la familia podía relajarse en privado.

Así pues, formar parte de la clase alta no era simplemente banquetes y bailes. Había un deber que lo acompañaba. Se esperaba que uno sirviera, y eso significaba que era difícil tener una vida personal rica. Sin embargo, eso no significa que ser rico fuera una carga. La élite lo tenía bastante fácil. Se enorgullecían de no tener que hacer nunca un trabajo manual y de tener ocio. Tenían una posición privilegiada, aunque viniera acompañada de alguna que otra atadura.

En cierto modo, la experiencia de las clases bajas era exactamente lo contrario. Mientras que en la nobleza, un marido y su mujer podían pasar la mayor parte del año viviendo en lugares separados del país, los cónyuges con menos dinero y posiciones más bajas solían trabajar juntos. Los niños eran amamantados y criados por sus madres reales en lugar de por nodrizas y tutores. Las unidades familiares también solían ser mucho más pequeñas, ya que las casas no eran lo suficientemente grandes como para albergar a varias generaciones. La menor esperanza de vida hacía que las generaciones múltiples no prosperaran.

El matrimonio no era tan comercial para los pobres, pero seguía habiendo consideraciones económicas. Un hombre tenía que ser capaz de mantener a su esposa, y a menudo se necesitaban años para que un hombre llegara al punto de poder hacerlo. Por ello, los pobres tendían a casarse mucho más tarde que los ricos, lo que también significaba que a menudo tenían menos hijos porque a las mujeres les quedaban menos años para tener hijos cuando se casaban.

Así, los pobres tenían más oportunidades de elegir a sus cónyuges, pasar tiempo con sus hijos y, en general, estar más con sus familias, pero seguía siendo difícil ser una persona pobre. Su posición económica era insegura. Unos años de malas cosechas podían convertir a un labrador en un vagabundo, o su propietario podía echarlo de sus tierras sin previo aviso. Los precios de los alimentos subían, los salarios no aumentaban al mismo ritmo y la industria de la lana, que era la mayor de Inglaterra, se estancó a finales del siglo XVI y principios del XVII. La Inglaterra de principios de la Edad Moderna era un lugar en el que los pobres se empobrecían mientras los ricos se enriquecían, y las tensiones que esto generaba en la sociedad estallaban en forma de disturbios y rebeliones populares.

Aun así, una persona pobre en la Inglaterra moderna temprana lo tenía mejor que una persona pobre en la época medieval. Incluso las casas de los pobres eran más robustas y amplias. Aunque los precios de los alimentos eran un problema, el acceso a los mismos lo era menos gracias a la expansión del comercio. Era mucho menos probable dormir en un suelo de tierra o morir de hambre. Por estas razones, hay que reconocer que Inglaterra estaba progresando. Las clases sociales seguían siendo distintas, pero la vida en la base de la jerarquía mejoraba lentamente.

Capítulo 12: Batallas y guerras en el extranjero

Al examinar la historia de un país en particular, existe el peligro de desarrollar una visión de túnel. Inglaterra no estaba aislada del resto del mundo en esta época. De hecho, interactuaba más que nunca con otros países, y no todas esas interacciones eran amistosas.

A principios de la era moderna se produjo el ascenso de las potencias mundiales. Comenzaban los imperios y los países presionaban para dominar. La forma en que Inglaterra se manejara en estos conflictos contra naciones extranjeras determinaría si podría ascender al estatus de superpotencia.

El conflicto con España (1585-1604)

Durante la primera mitad del siglo XVI, Inglaterra tuvo una relación relativamente buena con España. Sin embargo, eso empezó a cambiar cuando Isabel I subió al trono en 1558.

Felipe II de España había estado casado con la hermanastra de Isabel, la reina María. Cuando la protestante Isabel subió al trono, se temió que Felipe II hiciera un movimiento para empujar a Inglaterra de vuelta al catolicismo. Aunque no ocurrió nada en ese momento, y Felipe no parecía tener ningún problema con que su cuñada ocupara el trono, fue el comienzo de una relación de desconfianza que acabaría explotando en hostilidades abiertas.

Sorprendentemente, la religión no fue la causa principal de la ruptura entre España e Inglaterra. Fue el éxito de España. Durante la primera mitad del reinado de Isabel I, el imperio español siguió creciendo y, con él, su riqueza y poder. Inglaterra se sentía cada vez más incómoda con el poderío de este reino católico y cada vez más deseosa de tener una parte de aquello que tenía España.

Cuando los españoles atacaron una flota de esclavos inglesa en 1568, Isabel I tuvo la excusa que necesitaba para empezar a atacar a España. Los corsarios ingleses pronto comenzaron a asaltar los asentamientos y barcos españoles, robando tanto bienes como lingotes. Isabel I denunció oficialmente estos actos, pero extraoficialmente los autorizó e incluso los alentó. Pero España tenía una forma de vengarse de Inglaterra de forma indirecta.

Isabel I era soltera y, por tanto, no tenía heredero. Su pariente real más cercano era María, reina de Escocia. María había sido expulsada de Escocia y residía actualmente en Inglaterra. Tenía una cualidad que la hacía útil a los españoles. María, reina de Escocia, era católica romana.

Todavía había muchos católicos romanos en Inglaterra que encontraban atractiva la idea de una católica romana en el trono. Así, María, reina de Escocia, fue el centro de complots y conspiraciones, y es casi seguro que los españoles estuvieron involucrados en varios de ellos. Una católica romana simpatizaría mucho más con los españoles que la reina Isabel I, protestante y partidaria de la piratería.

La piratería y los complots hicieron que aumentaran las tensiones entre España e Inglaterra, pero los dos países podrían haber conseguido mantener la paz si no fuera por otro problema: los Países Bajos. Los Países Bajos se habían convertido en una posesión española en 1556, cuando Felipe II heredó la corona, y los holandeses no estaban entusiasmados con ello. A finales de la década de 1560, estalló una revuelta contra el dominio español en el norte de los Países Bajos, que era una zona dominada por los calvinistas, descontentos con el dominio de la España católica.

Isabel I tuvo que tomar una decisión. ¿Apoyaría a su colega Felipe II o a los protestantes holandeses? Aunque Isabel I tenía fama de retrasar decisiones tan trascendentales, las circunstancias la obligaron a hacerlo. Un barco español que transportaba bastante oro se vio obligado a refugiarse en un puerto inglés. Los españoles supusieron que los ingleses se apoderarían del barco y arrestaron a los mercaderes ingleses en los Países

Bajos, apoderándose de estos bienes ingleses en represalia por algo que Isabel I aún no había hecho. Su respuesta fue hacer exactamente lo que ellos esperaban. Se apoderó del barco español y comenzó a apoyar a los rebeldes holandeses con dinero.

Inglaterra y España habían sido aliados, pero en 1568 la confianza entre ellos había desaparecido por completo. Aun así, ninguno de los dos países estaba ansioso por la guerra, y tendrían que pasar otros diecisiete años para que estallaran las hostilidades abiertas. En 1585, Isabel I envió tropas inglesas a los Países Bajos para apoyar la rebelión. Para Felipe II fue un acto de guerra. El rey español pronto comenzó a hacer planes para invadir Inglaterra.

Felipe II tenía toda la intención de aplastar completamente a los ingleses. Durante los tres años siguientes, reunió una flota de invasión de 130 barcos. La flota debía transportar más de treinta mil soldados para una invasión a gran escala de Inglaterra.

Isabel I no tenía un ejército que pudiera competir con semejante fuerza. El ejército inglés estaba formado por tropas mal entrenadas o completamente desentrenadas. El ejército español estaba bien entrenado y bien pagado. Si los españoles desembarcaban su ejército, Inglaterra estaría en problemas. Su única posibilidad real era detener la flota en el mar.

La Marina Real de Inglaterra no estaba en una posición tan terrible como podría pensarse. La flota española era grande, pero también era más lenta y carecía de un número significativo de cañones pesados, lo que les habría permitido enfrentarse a los ingleses a distancia.

A medida que la flota española avanzaba por el canal de la Mancha, era acosada por los barcos ingleses, más maniobrables. Cuando la flota atracó en Calais, los ingleses enviaron barcos de fuego al puerto, obligando a la flota a dispersarse. Una vez fuera de la formación, eran objetivos fáciles para la Marina Real.

Las esperanzas de invasión habían terminado. La flota española se retiró, pero los barcos no pudieron atravesar el canal de la Mancha porque estaba controlado por los ingleses. En su lugar, navegaron alrededor de Escocia e Irlanda, pero los vientos desfavorables pusieron a los barcos en dificultades. Cuando la armada regresó penosamente a España, la mitad de ella había desaparecido.

La derrota de la Armada española por Philip James de Loutherbourg
https://commons.wikimedia.org/wiki/File:Defeat_of_the_Spanish_Armada,_8_August_1588_RMG_BHC0264.tiff

La derrota de la Armada española fue un momento importante para Inglaterra. Habían demostrado ser capaces de enfrentarse a la potencia más poderosa de Europa, lo que contribuyó en gran medida a la confianza de los ingleses. El dominio de los mares por parte de Inglaterra sería una de las principales razones por las que pudo dominar el juego del imperio en los siglos siguientes.

Aunque la derrota de la Armada española en 1588 fue un triunfo para Inglaterra, no fue el final del conflicto con España. Las dos superpotencias siguieron enfrentándose. Inglaterra siguió apoyando a los rebeldes holandeses y los corsarios ingleses asaltaron los asentamientos españoles en el Nuevo Mundo con menor éxito cada vez. España, por su parte, apoyó una rebelión irlandesa contra Inglaterra que se convirtió en una guerra muy costosa.

El conflicto con España nunca fue una guerra declarada, pero el gasto de estar en constantes hostilidades abiertas con otra nación puso en aprietos al gobierno inglés. El Parlamento ganó más poder, ya que la reina Isabel I necesitaba cada vez más fondos para las expediciones militares. Esto sembró el germen de la disputa entre el Parlamento y la monarca, que desembocaría en la guerra civil inglesa décadas después.

Las guerras anglo-holandesas

España no era el único país con el que Inglaterra se encontraba compitiendo por el dominio de los mares y el comercio. Los Países Bajos también fueron uno de los principales rivales de Inglaterra. Inglaterra libró tres guerras contra los holandeses entre 1652 y 1672.

Las guerras de Inglaterra con los holandeses fueron principalmente navales, ya que ambos países competían por el control de los mares. La primera guerra anglo-holandesa estalló en 1652 debido a las fuertes tensiones por el control del comercio. Los ingleses dominaron este primer conflicto y las hostilidades terminaron en 1654.

En la segunda guerra anglo-holandesa, los ingleses no tuvieron tanto éxito. La guerra comenzó en 1665. Ese mismo año estalló una epidemia de peste y al año siguiente se produjo el Gran incendio de Londres. En 1667, el gobierno de Carlos II estaba en bancarrota, tenso y ansioso por ganar la guerra, pero los holandeses querían aprovechar su ventaja.

En 1667, los holandeses asaltaron los astilleros de Medway. Los barcos atracados allí solo tenían tripulaciones esqueléticas, por lo que estaban esencialmente indefensos. Los holandeses lograron capturar y quemar varios barcos e incluso se llevaron el barco llamado *Royal Charles*. Fue una gran vergüenza para los ingleses. Habían sido completamente incapaces de defenderse. Poco después se firmó la paz.

Tras el bochorno del asalto al Medway, Inglaterra estaba ansiosa por vengarse de los holandeses. La guerra volvió a estallar en 1672, pero esta vez como parte de un conflicto europeo mayor. En esta guerra, Inglaterra se alió con Francia contra los Países Bajos. Los Países Bajos lograron detener los intentos de invasión durante dos años. Inglaterra abandonó la alianza y firmó la paz con los Países Bajos en 1674. Poco después, la Revolución Gloriosa hizo que los dos países compartieran un gobernante durante un tiempo. Con un gobernante compartido, se compartieron los objetivos, a saber, detener a los franceses, y habría alrededor de un siglo de paz entre los Países Bajos e Inglaterra.

El conflicto entre los Países Bajos e Inglaterra demuestra cómo las rivalidades económicas condujeron al derramamiento de sangre en este periodo. Ambos países querían controlar el comercio y estaban dispuestos a luchar entre sí por ese control.

Guerra de la Gran Alianza (1688-1697)

Cuando Guillermo de Orange invadió Inglaterra en 1688 y se convirtió en Guillermo III de Inglaterra, lo hizo en gran medida con un objetivo. Quería la ayuda de Inglaterra para frenar los esfuerzos de expansión de Francia.

Para Guillermo de Orange, Francia era un tirano creciente que estaba conquistando la Europa protestante. Francia estaba haciendo movimientos para absorber tanto a los holandeses como a los españoles en su imperio. Detener la expansión de Francia era el objetivo de Guillermo III en su vida, y aunque veía a los ingleses como algo fundamental para ese objetivo, los ingleses no estaban necesariamente de acuerdo. Formaban parte de un pequeño país separado del continente por el canal de la Mancha. No se veían a sí mismos como una superpotencia, y no veían que la guerra de Guillermo contra los franceses los afectara. Después de luchar contra los españoles y los holandeses en el siglo pasado, sería difícil convencer a los ingleses de que debían comprometerse en una costosa guerra en el continente.

Sin embargo, lo quisieran o no, los ingleses ya se habían comprometido con un bando en el conflicto. Habían invitado a Guillermo de Orange a deponer a Jacobo II. Después de la Revolución Gloriosa, Francia apoyó a Jacobo II en sus esperanzas de recuperar el trono, apoyándolo directamente cuando desembarcó en Irlanda con la esperanza de recuperar su reino. Si Inglaterra estaba en contra de Jacobo II, entonces estaba en contra de Francia.

Así, al elegir a Guillermo III en lugar de Jacobo II, Inglaterra se encontró con que había acordado una alianza contra Francia. Aunque los ingleses nunca mostraron gran entusiasmo por la guerra, formaron parte de la Gran Alianza, que incluía a Inglaterra, las Provincias Unidas de los Países Bajos, Austria, España y otros estados menores.

Para una guerra que duró nueve años, la guerra de la Gran Alianza consiguió relativamente poco. La guerra fue principalmente una cuestión de largos asedios y estancamientos. Ninguno de los dos bandos pudo obtener una victoria decisiva, y en 1697 se estableció la paz mediante el Tratado de Rijswijk. El único problema era que el tratado no arreglaba nada. Francia seguía teniendo esperanzas de expandir su imperio, y el resto de Europa seguía sin quererlo. Los mismos problemas se convertirían en otra guerra solo cuatro años después.

La guerra de sucesión española (1701-1714)

La guerra de sucesión española fue una continuación de los problemas de la guerra de la Gran Alianza. El problema general era el afán expansionista de Francia, pero el problema específico era la sucesión española.

Carlos II era el rey de España sin hijos y el último de los Habsburgo españoles. A su muerte, no habría ningún heredero varón que ocupara el trono español. Gracias a las constantes alianzas matrimoniales de la realeza europea, tanto la dinastía de los Borbones de Francia como la rama austriaca de los Habsburgo tenían derechos bastante parejos al trono español.

A medida que se acercaba la muerte de Carlos II, quedaba claro que la guerra era inevitable. Se intentó crear un tratado que dividiera el Imperio español en lugar de permitir que una sola persona lo heredara todo, pero no se pudo encontrar una solución satisfactoria para todos. El Imperio español era inmenso, y ni los Habsburgo ni los Borbones estaban dispuestos a renunciar a él sin luchar. Carlos II murió en 1700. El rey Luis XIV de Francia nombró a su nieto, Felipe, rey de España, y la guerra no tardó en llegar.

Técnicamente, esto no tenía nada que ver con Inglaterra directamente, e Inglaterra podría haberse mantenido al margen de la lucha si Luis XIV no hubiera reconocido al hijo de Jacobo II como Jacobo III, el legítimo rey de Inglaterra. Si Francia iba a aliarse con los enemigos de Inglaterra, no se podía permitir que Francia obtuviera el poder y la riqueza del Imperio español.

La historia militar de esta guerra de trece años es compleja. Hubo múltiples frentes, muchos países involucrados y diferentes etapas del conflicto. Hubo varios intentos de negociaciones de paz, pero la guerra siguió prolongándose. Inglaterra y sus aliados tuvieron muchos éxitos, gracias en gran parte a la mente militar de John Churchill, pero nunca pudieron ganar suficiente terreno ni obtener una victoria que arrasara a Francia para poner fin a la guerra.

En cierto modo, la guerra era simplemente demasiado grande. Abarcaba demasiado terreno para que un bando pudiera hacerse con el control total, y las estrategias militares de la época no comprometerían a suficientes hombres en una maniobra ofensiva audaz que acabara con la guerra de un solo golpe. La única forma de terminar la guerra era mediante negociaciones.

En 1711, la reina Ana y la mayoría del Parlamento estaban hartos de la guerra, a pesar de las victorias de John Churchill. La guerra era costosa, y esas victorias no los acercaban a abrumar completamente a Francia y forzar una rendición. Se necesitarían más de dos años para finalizar el acuerdo que se convirtió en el Tratado de Utrecht.

El Tratado de Utrecht fue una verdadera jugada maestra para Gran Bretaña, aunque, en apariencia, no lo pareciera a los aliados de Gran Bretaña. Gran Bretaña reconocía a Felipe V como rey de España, que era la cuestión que había iniciado la guerra en primer lugar, pero Francia tenía que prometer que Felipe y sus descendientes estaban exentos de la línea de sucesión francesa. Las coronas de Francia y España nunca pudieron unirse.

Gran Bretaña también ganó territorios en el tratado, como Gibraltar, Menorca, Nueva Escocia, Terranova, la Bahía de Hudson y San Cristóbal. Otra parte del tratado era el Asiento, que otorgaba a los comerciantes de esclavos británicos el monopolio de la venta de esclavos al Imperio español durante treinta años. El rey Luis XIV también tuvo que prometer que dejaría de apoyar los objetivos de Jacobo III sobre la corona inglesa.

Para muchos, los territorios ganados por Gran Bretaña en el tratado y las promesas que este exigía a Francia no eran ni mucho menos suficientes después de trece años de sangre y dinero vertidos en la guerra. Sin embargo, el Tratado de Utrecht colocó a Gran Bretaña en una posición que le permitiría convertirse en la potencia mundial dominante durante el siglo siguiente.

Los territorios ganados por Gran Bretaña le permitieron expandir su imperio comercial, y el Asiento fue una ayuda más para el poder comercial de Gran Bretaña. Gran Bretaña se estaba preparando para prosperar, mientras que Francia se había quebrado económicamente por la guerra. Incluyendo la guerra de la Gran Alianza, Francia había estado luchando durante más de veinte años. El país estaba agotado, así que, aunque el Tratado de Utrecht no fuera lo suficientemente duro con Francia para algunos, no era necesario que lo fuera. Mientras Francia intentaba recuperarse de su plan de hacer un gran imperio, Gran Bretaña seguía amasando más riqueza con sus nuevas colonias y acuerdos comerciales.

Esta riqueza situaría a Gran Bretaña en una posición de superioridad cuando continuara enfrentándose a Francia durante el siguiente siglo, permitiéndole salir victoriosa la gran mayoría de las veces. La guerra de sucesión española tuvo inicialmente muy poco que ver con Inglaterra, pero gracias a su participación en la guerra y a los logros obtenidos en el Tratado de Utrecht, Inglaterra pudo ocupar un puesto privilegiado y convertirse en el mayor imperio del mundo.

Capítulo 13: Escocia y Gales

Aunque comparten una isla y ahora forman parte de la misma nación, durante la mayor parte de su historia, Inglaterra, Gales y Escocia han sido tres países distintos.

Su unión comenzó en la época medieval con Eduardo I. Eduardo I conquistó Gales en el siglo XIII. Estuvo a punto de conquistar también Escocia, pero los escoceses lograron mantener su soberanía tras un largo conflicto. A partir de ese momento, el heredero del trono inglés recibió el título de «príncipe de Gales» como muestra del control de Inglaterra sobre este territorio.

Sin embargo, Gales no estaba políticamente unida a Inglaterra en esta época. Aunque los reyes ingleses gobernaban Gales por derecho de conquista, sus gobiernos permanecían separados. El sistema judicial era diferente y los galeses no tenían miembros en el Parlamento inglés. Hasta principios de la era moderna, Gales no se unió oficialmente a Inglaterra. Bajo el mandato de Enrique VIII, el Acta de Unión, aprobada en 1536, unió Gales e Inglaterra. La ley inglesa se aplicaría en los tribunales galeses, y Gales se dividió en distritos locales (*shires* y *boroughs*), lo que significaba que ahora podían elegir a los miembros del Parlamento inglés. Esencialmente, Gales e Inglaterra operaban bajo el mismo reglamento, mientras que antes tenían el mismo rey, pero leyes diferentes.

La unión de Escocia con Inglaterra acabaría siguiendo un patrón similar. Cuando Isabel I murió en 1604, su heredero más cercano fue Jacobo VI de Escocia. A partir de ese momento, Inglaterra y Escocia tuvieron el mismo monarca. Sin embargo, los dos países no se unieron oficialmente hasta unos cien años después, con el Acta de Unión de 1707, durante el reinado de la reina Ana. Esta acta creó el país de Gran Bretaña.

La bandera de la Unión. (Fuente: Código original de Stefan-Xp con modificaciones en la proporción por Yaddah
https://commons.wikimedia.org/wiki/File:Flag_of_the_United_Kingdom_(3-5).svg

Por supuesto, la historia de Inglaterra, Escocia y Gales a principios de la Edad Moderna implica mucho más que actos de unión. Aunque estos tres lugares formaban el país de Gran Bretaña, eran (y siguen siendo) tres lugares distintos con relaciones complejas y cambiantes. He aquí un poco de cómo eran esas relaciones durante el período moderno temprano.

Escocia en la época de los Tudor

Las relaciones entre Inglaterra y Escocia siempre habían sido, a falta de una palabra mejor, tensas. Inglaterra intentó repetidamente conquistar Escocia en la Edad Media, y el país del norte intentó repetidamente hacer la vida difícil a los ingleses. Las incursiones escocesas en la frontera anglo-escocesa eran habituales, y uno de los mayores aliados de Escocia era también uno de los mayores enemigos de Inglaterra: Francia. Francia y Escocia habían sido aliados durante tanto tiempo que la relación había llegado a conocerse simplemente como la Auld Alliance (Alianza antigua).

Así que, al comienzo de la era moderna, Escocia e Inglaterra no tenían precisamente una relación idílica, y tener como enemigo a un país tan cercano era suficiente motivo de tensión. No es de extrañar que el primer rey Tudor, Enrique VII, casara a su hija Margarita con Jacobo IV de Escocia en 1503. Este matrimonio aseguró la paz durante un tiempo, pero en 1513, Escocia e Inglaterra volvieron a enfrentarse cuando Enrique VIII invadió Francia, lo que provocó la respuesta de Escocia debido a la Auld Alliance.

Sin embargo, a medida que avanzaba el siglo XVI, Escocia no tardó en verse infectada por la misma enfermedad que afectaba a toda Europa: la Reforma. A diferencia de Inglaterra, que experimentó una Reforma de arriba abajo, los monarcas escoceses siguieron siendo católicos durante mucho más tiempo. Escocia también tenía un gobierno central más débil que ejercía menos control sobre el país. Los nobles escoceses ejercían un poder político considerable y, a medida que la Reforma se extendía por toda Escocia, muchos de estos nobles (llamados *lairds* en Escocia), especialmente los de las Tierras Bajas, se pasaron al protestantismo.

Esto se debió en parte a la predicación de hombres como John Knox, pero también al creciente deseo escocés de separarse de la influencia francesa. El último rey escocés, Jacobo V, murió en 1542, dejando a una hija pequeña como reina y a Escocia en manos de su madre, María de Guisa, que actuó como regente. María de Guisa era francesa y católica, y muchos lairds escoceses pensaban que estaba convirtiendo a Escocia en país auxiliar de Francia. Estas sospechas se vieron agravadas por el hecho de que María enviara a su hija, que era técnicamente la reina de Escocia, a criarse y educarse en Francia. María de Guisa también dispuso que su hija se casara con el futuro rey francés, Francisco II, convirtiendo a la hija de Jacobo V en reina de Francia y Escocia. Con estos actos, María de Guisa vinculaba claramente a Escocia con los franceses, y acoger la nueva religión era una forma de resistirse a los franceses y declarar la autonomía escocesa.

Esta resistencia se convirtió en una rebelión total en 1559, y los franceses enviaron tropas para ayudar a María de Guisa a retomar el control. Los rebeldes escoceses se dirigieron entonces a Inglaterra y a Isabel I en busca de ayuda. Esto puso a Isabel I en un dilema. Podía apoyar a los rebeldes protestantes, declarando su simpatía por el protestantismo, o podía apoyar a María de Guisa, mostrando su apoyo a una compañera monarca. Esto entrañaba un riesgo.

En última instancia, sin embargo, esta era una oportunidad para que Inglaterra rompiera la Auld Alliance. Si los franceses lograban que María de Guisa volviera a controlar Escocia, Inglaterra tendría un enemigo católico en su frontera norte, y lo que es peor, un enemigo católico cuya monarca (María, reina de Escocia) era también prima de Isabel y la siguiente en la línea de sucesión al trono inglés. Inglaterra se puso del lado de los rebeldes escoceses. El conflicto terminó poco después de su inicio, gracias a la muerte de María de Guisa en 1560. El Tratado de Edimburgo, que puso fin oficialmente a las hostilidades, estableció la tolerancia religiosa en Escocia y creó un consejo de gobierno mitad protestante y mitad católico.

La decisión de Isabel I de apoyar a los rebeldes resultó ser una buena jugada para Inglaterra. Las tensiones entre los dos países disminuyeron considerablemente después de esto, y hubo paz en la frontera anglo-escocesa. Los dos países estaban destinados a acercarse aún más cuando el rey escocés se convirtió en el siguiente monarca inglés.

Mismo monarca, distintos reinos

En 1603, Jacobo VI de Escocia se convirtió en Jacobo I de Inglaterra. Ya hemos hablado con más detalle de cómo se produjo este hecho, así que ahora analizaremos qué supuso para las relaciones entre Escocia e Inglaterra el hecho de tener el mismo monarca.

El hecho de que un mismo rey gobierne en dos reinos distintos con gobiernos y leyes diferentes puede parecer una mala idea. Jacobo I también lo vio como un obstáculo, y cuando tomó la corona de Inglaterra por primera vez, hizo todo lo posible por remediar la situación promoviendo una unión. Desgraciadamente para Jacobo I, Inglaterra no lo aceptó. El Parlamento inglés rechazó decididamente la idea de una unión con Escocia, revelando sus profundos prejuicios. Los ingleses veían a sus vecinos del norte como pobres y atrasados. Consideraban que unirse a Escocia suponía asumir una carga.

Entonces, ¿en qué situación quedaba Escocia? Su rey se había marchado a Londres, donde vivirían los monarcas Estuardo, gobernando Escocia desde la distancia. Un rey no podía mantenerse en contacto con su pueblo a tan larga distancia, y esto se hizo patente cuando Carlos I intentó imponer el *Libro de Oración Común* inglés a los escoceses presbiterianos.

Nunca hay que subestimar lo que la gente está dispuesta a hacer por sus convicciones religiosas. Los escoceses no se limitaron a amotinarse o a protestar. En 1638, los escoceses crearon un documento titulado el Nuevo Pacto, que era esencialmente una nueva constitución que organizaba la iglesia y el estado. Reorganizar el gobierno sin el consentimiento del rey solo puede considerarse una rebelión abierta. Los rebeldes escoceses fueron conocidos como los Covenanters por el documento que habían creado. Carlos I tuvo que poner a Escocia en línea. Este fue el comienzo de la primera guerra de los Obispos.

La primera guerra de los Obispos no duró mucho. Carlos I se encontró con que su ejército inglés no estaba entusiasmado con su causa, y estaba arruinado. Se estableció una tregua en 1639, pero solo fue temporal. En Inglaterra, las cosas se estaban desmoronando. Carlos I no había convocado al Parlamento en once años, pero necesitaba desesperadamente fondos para hacer frente a la rebelión escocesa. Los escoceses aprovecharon su ventaja, iniciando la segunda guerra de los Obispos en 1640. Rápidamente lograron invadir el norte de Inglaterra, obligando a Carlos I a acudir al Parlamento inglés en busca de ayuda. Este fue el parlamento que se conocería como el Parlamento Largo y que condujo a la guerra civil inglesa.

Así que, hasta cierto punto, los escoceses provocaron la guerra civil inglesa, y su participación en el conflicto no se detuvo ahí. La guerra civil inglesa es quizás más apropiada para llamarla la guerra de los Tres Reinos. Carlos I era rey de Escocia, Inglaterra e Irlanda, por lo que la guerra contra él llegó a implicar a las tres naciones.

Al principio, Escocia estaba en contra de Carlos I. Después de todo, había sido técnicamente la primera en rebelarse, pero tras la captura de Carlos I y el inicio de las infructuosas negociaciones, Escocia entró en sus propias negociaciones con Carlos I y aceptó restaurarlo. Esto condujo al estallido de la segunda guerra civil inglesa, pero los ejércitos de Oliver Cromwell pudieron detener a los escoceses con facilidad. Carlos I fue pronto ejecutado, y Escocia se encontró sin rey durante los siguientes once años.

Aunque los dos países seguían siendo entidades políticamente separadas, el hecho de tener el mismo rey significaba que Escocia se veía arrastrada por lo que ocurría en Inglaterra a menudo, lo quisiera o no. Esto volvió a ocurrir después de que la Revolución Gloriosa depusiera a Jacobo II. El jacobitismo, que era la creencia de que Jacobo II y sus herederos varones eran los gobernantes legítimos de Inglaterra, Escocia e Irlanda, era el que más seguidores tenía en Escocia.

¿Pero cómo es posible? ¿No eran los escoceses presbiterianos? ¿Por qué iban a apoyar a un rey católico? La historia de Escocia durante este período merece un libro entero, pero, en resumen, las cosas eran más complejas de lo que se esboza aquí. Antes de la Revolución Gloriosa, Escocia había visto un resurgimiento del poder católico y la persecución de los presbiterianos. Cuando se produjo la Revolución Gloriosa, devolvió a los presbiterianos al poder, pero estos volvieron al poder llenos de resentimiento por el maltrato sufrido durante la década anterior. El resultado fue una revolución menos gloriosa y más sangrienta en Escocia.

Este evento solo sirvió para aislar a ciertos grupos: Los episcopales en las Tierras Bajas y los católicos en las Tierras Altas. Estos dos grupos formarían el núcleo del acérrimo movimiento jacobita que se desarrolló en Escocia durante las siguientes décadas.

Con acontecimientos como la guerra civil inglesa (la guerra de los Tres Reinos) y la Revolución Gloriosa, era obvio que Escocia e Inglaterra estaban irremediablemente entrelazadas, pero no estaba claro si eso continuaría. Los escoceses estaban cada vez más molestos por ser gobernados desde Londres. A principios del siglo XVIII, el Parlamento escocés empezó a aprobar leyes anti inglesas, incluida una que decía que, tras la muerte de la reina Ana, Escocia elegiría a su próximo monarca.

Esto fue muy alarmante para los ingleses. Era probable que Escocia eligiera al príncipe Jacobo, hijo de Jacobo II. Esto pondría a un monarca católico profrancés en la frontera norte de Inglaterra. Sería una vuelta a la Auld Alliance y muy probablemente una vuelta a las constantes disputas que habían marcado la mayor parte de la historia de Escocia e Inglaterra.

Cuando Jacobo I intentó unir Inglaterra y Escocia en 1603, los ingleses se habían opuesto a la idea, pero ahora tenían la motivación para hacer realidad la unión. La única cuestión era cómo convencer a los escoceses, que estaban muy descontentos con sus vecinos del sur.

Al final, todo se redujo a la economía. Escocia era una nación pobre y la unión con Inglaterra ofrecía riqueza. Como parte del acuerdo de unión, Escocia podría comerciar libremente con Inglaterra y sus colonias. Inglaterra era un gigante del comercio, y Escocia pasaría a formar parte de ese sistema. Por si esto no fuera lo suficientemente convincente para los escoceses, los ingleses también les pagaron una suma global llamada el Equivalente. Se trataba de un soborno, pero consiguió su objetivo. El Parlamento escocés votó para poner fin a su propio gobierno.

Escocia era ahora parte de Inglaterra. Todavía conservaba su individualidad en cosas como su iglesia y sus leyes, pero no había parlamento en Edimburgo. Los escoceses se sentaron en el Parlamento de Londres. Había nacido Gran Bretaña.

Gales: Mismo Reino, distinto idioma

Bandera de Gales
https://commons.wikimedia.org/wiki/File:Flag_of_Wales.svg

Hemos examinado la relación de Inglaterra con su vecino del norte, pero ¿qué hay de su vecino del oeste? Como mencionamos en la introducción de este capítulo, Inglaterra conquistó Gales en el siglo XIII, pero no fue hasta el reinado de Enrique VIII que ambos se unieron oficialmente.

¿Por qué Enrique VIII decidió repentinamente hacer de Gales una parte de Inglaterra? ¿Hubo algún tipo de presión como con la unificación de Escocia?

La verdad es que no. La unificación con Gales se debió en gran medida a que Enrique VIII se dio cuenta de que facilitaría mucho el gobierno. Como mencionamos en el capítulo 1, la era Tudor vio el fortalecimiento y la centralización del gobierno nacional. Para gobernar eficazmente todo su reino desde Londres, Enrique VIII necesitaba que Gales utilizara el mismo sistema judicial y los mismos distritos. Era la unificación en aras de la burocracia.

Pero la unificación no significaba una asimilación total. Gales seguía siendo un lugar propio con su propia cultura, y donde mejor se ve esto es en su lengua. Aunque Gales había sido conquistado por Inglaterra durante más de tres siglos, a principios de la era moderna, el galés seguía siendo la lengua principal. La mayoría de los galeses no sabían inglés.

La diferencia lingüística era tan pronunciada que parte del tratado de unificación estipulaba que todos los galeses que ocuparan cargos en el gobierno debían saber hablar inglés. Esto creó una situación en la que la élite galesa era bilingüe. La mayoría de la población seguía conociendo solo el galés y tenía que recurrir a la élite bilingüe para obtener información de Inglaterra.

El predominio del galés creó una situación interesante en Gales con la llegada de la Reforma. La Reforma hizo hincapié en la importancia de las escrituras y, como parte de ella, la Biblia se tradujo al inglés para que el ciudadano medio pudiera leerla. Después de la Reforma, los servicios religiosos se celebraron en inglés en lugar de en latín. Sin embargo, para el ciudadano medio de Gales, los servicios religiosos en inglés eran muy poco mejores que los servicios religiosos en latín.

Algunos destacados eruditos galeses se convencieron de que era necesario traducir la Biblia al galés, tanto por el bien de la religión como de la cultura galesa. Consiguieron que el Parlamento aprobara una ley que exigía la traducción de la Biblia al galés. En 1567 se tradujeron el Nuevo Testamento y el *Libro de Oración Común*, y en 1588 se había traducido toda la Biblia al galés.

La traducción de la Biblia al galés fue un gran logro para el pueblo galés y también una medida inteligente desde el punto de vista político para Inglaterra. La traducción de la Biblia al galés conectó el movimiento protestante con la cultura galesa. En lugar de imponer una Reforma inglesa a los galeses, se convirtió en la Reforma galesa. En otros lugares de las islas británicas donde se hablaba una lengua diferente, como Irlanda y las Tierras Altas de Escocia, la Biblia se tradujo mucho más tarde. El catolicismo tenía un control mucho más fuerte en estas zonas.

Gales estaba mucho más alineada con Inglaterra que Escocia, pero seguía siendo un lugar distinto. Otro momento donde vemos esto es en la guerra civil inglesa. Hubo mucho apoyo monárquico en Gales en la disputa entre Carlos I y el Parlamento, pero al final no le sirvió de mucho a Carlos I. Al igual que Escocia, Gales era más pobre y menos poblada que Inglaterra. No estaba en condiciones de amenazar a su país vecino, que era más grande y poseía mayor riqueza.

Pasaría algún tiempo antes de que Gales empezara a alcanzar a Inglaterra en términos económicos. A principios de la era moderna, Gales seguía siendo una sociedad agrícola. El progreso era esencialmente una cuestión de cercar y cultivar más tierra para que se desperdiciara menos. Los ricos se hacían más ricos, ya que obtenían el control de más tierras, y los pobres se empobrecían sistemáticamente.

Con el tiempo, la economía de Gales cambiaría con el descubrimiento del carbón y su importancia para la Revolución Industrial, pero a principios de la era moderna, Gales seguía siendo una sociedad basada en la agricultura.

En general, Gales experimentó muchas menos tensiones con Inglaterra que Escocia en esta época, lo que tiene sentido si se tiene en cuenta que Escocia siguió siendo un país independiente hasta 1707. Aun así, es un error meter en el mismo saco a Gales e Inglaterra. Incluso en el siglo XVI, los galeses estaban lo suficientemente orgullosos de sus diferencias culturales como para querer la Biblia traducida en su idioma. Gales estaba unida política y gubernamentalmente a Inglaterra, pero mantenía una cultura propia que ha llegado hasta nuestros días.

Aunque los no británicos pueden confundir las tres regiones de Gran Bretaña, Gales, Inglaterra y Escocia están unidas, pero son únicas. A principios de la era moderna fue cuando comenzó la unión conocida como Gran Bretaña, y es una unión que ha perdurado hasta nuestros días.

Capítulo 14: La cuestión irlandesa

Escocia, Gales e Inglaterra no tienen esta pequeña región del mundo para ellos solos. Había un cuarto reino en las islas británicas, y su relación con Inglaterra era complicada.

Irlanda, al igual que Gales, fue conquistada inicialmente por Inglaterra en la Edad Media durante la época de Enrique II, pero a diferencia de Gales, el control inglés de Irlanda distaba mucho de ser total. Los ingleses solo consiguieron someter una parte de Irlanda. En la zona controlada por los ingleses, que pasó a llamarse Pale (La Empalizada), los nobles anglo-irlandeses ostentaban el poder. Fuera de Pale, Irlanda estaba controlada por los gaélicos irlandeses, y la tierra estaba dividida entre varias sectas y caciques.

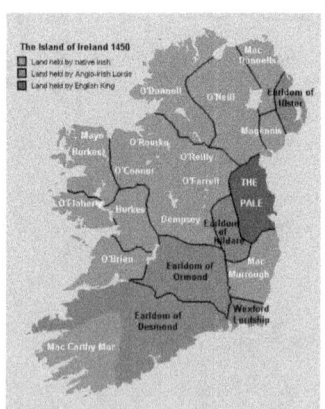

Irlanda en 1450
https://commons.wikimedia.org/wiki/File:Ireland_1450.png

¿Pero quiénes eran exactamente los anglo-irlandeses y los irlandeses gaélicos? Los irlandeses gaélicos eran los irlandeses de habla gaélica que habitaban la isla antes de la invasión de Enrique II. Los anglo-irlandeses eran los colonos ingleses que se establecieron en Irlanda después de que Inglaterra la conquistara en la Edad Media. Con el tiempo, los anglo-irlandeses llegaron a aceptar muchas costumbres gaélicas y se mezclaron con los irlandeses gaélicos hasta que fueron mucho más irlandeses que ingleses.

Irlanda y los primeros Tudor

Esta era la situación general cuando los Tudor subieron al trono. El Pale estaba bajo control inglés, pero la mayor parte de la isla estaba controlada por los irlandeses gaélicos. Incluso dentro de Pale, los señores anglo-irlandeses provocaban a menudo revueltas y su lealtad a la Corona inglesa era cuestionable.

De hecho, al comienzo de la era Tudor, la influencia irlandesa era especialmente fuerte, ya que en esta época se produjo un resurgimiento de la cultura y la influencia irlandesas. El Renacimiento irlandés estuvo muy centrado en la poesía, y muchos señores irlandeses mostraron su poder y sofisticación convirtiéndose en mecenas de estos poetas. Los ingleses consideraron, con razón, que estos poetas eran problemáticos porque fomentaban un creciente sentimiento de nacionalismo irlandés. Los Tudor pronto descubrirían que mantener el control de Irlanda sería problemático.

Cuando Enrique VII se convirtió en el primer monarca Tudor, Irlanda estaba prácticamente gobernada por Gerald FitzGerald, conde de Kildare. Kildare era irlandés, y mantuvo su poder mediante alianzas tanto con los irlandeses gaélicos como con los anglo-irlandeses. Kildare no era especialmente leal a la monarquía de los Tudor, por lo que Enrique VII lo sustituyó, nombrando a un inglés, Edward Poynings, como nuevo lord diputado de Irlanda.

Poynings descubrió lo que casi todos los ingleses que intentaban controlar Irlanda. Era muy caro. Aunque Poynings consiguió hacerse con el control e incluso aprobó varias leyes en un intento de solidificar el control inglés, incluida la famosa Ley de Poynings, que sometía al Parlamento irlandés al control del monarca inglés, su gobierno era demasiado caro para el gusto de Enrique VII. El rey inglés retiró a Poynings y restituyó a Kildare el control de Irlanda. Gracias a la compleja serie de alianzas de Kildare, fue el único hombre capaz de mantener un control efectivo en Irlanda.

Cuando Kildare murió, Enrique VIII nombró a su hijo para que ocupara su lugar como diputado. Aunque esta medida tenía sentido para el rey inglés, demostraba un malentendido de la política irlandesa. Los irlandeses no pasaban necesariamente los puestos de poder de padres a hijos, lo que significa que el joven Kildare no se ganó el respeto inmediato de los irlandeses simplemente por su nacimiento. El mayor de los Kildare también gobernó con eficacia porque comprendía las distintas lealtades y enemistades que conformaban el panorama político irlandés. Su hijo se había criado en Inglaterra y no tenía este conocimiento esencial de primera mano.

Por lo tanto, las cosas en Irlanda no fueron tan fáciles como Enrique VIII esperaba. El control inglés se desvaneció gradualmente durante la primera mitad del reinado de Enrique VIII. Los señores gaélicos simplemente no sentían lealtad ni temor a la Corona inglesa fuera de Pale, e incluso dentro de ella, los anglo-irlandeses eran demasiado aficionados a su autonomía como para dejarse guiar fácilmente. Las relaciones entre Inglaterra e Irlanda no harían más que empeorar con la Reforma.

Irlanda y la Reforma

En toda Europa, la Reforma protestante puso de manifiesto que el gobernante de una nación y su pueblo no podían ser de diferentes religiones. O el pueblo obligaba al gobernante a cambiar o a marcharse, o el gobernante imponía su voluntad al pueblo. Inglaterra vio cómo esto era cierto en ambas direcciones cuando Enrique VIII trajo la Reforma a Inglaterra debido a sus objetivos políticos y cuando el pueblo inglés forzó la salida de Jacobo II por ser católico. La Escocia presbiteriana se había rebelado contra la católica María de Guisa. Una nación no podía prosperar si sus gobernantes y su pueblo eran de diferentes religiones.

Irlanda fue el único país europeo que aprendió esta verdad a través de un largo camino. Cuando Enrique VIII rompió con Roma e inició el proceso que convertiría a Inglaterra en protestante, la Reforma iba a llegar inevitablemente a las costas de Irlanda. En 1536, otra Acta de Supremacía convirtió a Enrique en el jefe de la Iglesia irlandesa, y en 1541, Enrique VIII tomó el título de «rey de Irlanda» (antes de esto, los reyes ingleses habían sido simplemente el «señor de Irlanda»).

Enrique VIII tenía la misión de consolidar su control sobre Irlanda, y como parte de esta misión, inició el método de «rendición y devolución». Se trataba de una política en la que los irlandeses entregaban sus tierras para que la Corona inglesa se las volviera a conceder junto con los títulos. Aunque no se mencionaba específicamente la religión en esta política, rendirse y aceptar los títulos del rey inglés, que se había convertido en jefe de la Iglesia irlandesa, tenía claras implicaciones. Sería una aceptación de la autoridad de Inglaterra y una aceptación de la Iglesia anglicana. Los católicos irlandeses no lo aceptaron, y el protestantismo prácticamente no caló en Irlanda. Casi todos los irlandeses gaélicos y la mayoría de los anglo-irlandeses siguieron siendo católicos.

No está claro por qué la Reforma fracasó completamente en Irlanda. Es probable que Enrique VIII esperara algún apoyo al menos de los anglo-irlandeses dentro de Pale, pero la Reforma hizo que este grupo se uniera más a los irlandeses gaélicos. Algunos han especulado que, si la Biblia y el *Libro de Oración Común* se hubieran traducido al gaélico, habrían tenido un mayor impacto en los sentimientos religiosos de los irlandeses, al igual que la traducción al galés ayudó a la Reforma en Gales. Sin embargo, para los irlandeses, la Reforma era un movimiento inglés destinado a otorgar al rey inglés un mayor control sobre ellos.

Debido a la fuerte resistencia irlandesa a la Reforma, poco cambió en Irlanda durante los reinados de Eduardo VI y María. La Reforma apenas había progresado al principio, por lo que Irlanda no experimentó el latigazo religioso que sufrió Inglaterra bajo estos monarcas. Sin embargo, el reinado de Isabel I no sería tan tranquilo.

Isabel I y las rebeliones irlandesas

Isabel I es una monarca a menudo conocida por su tacto y habilidad política, pero su enfoque político respecto a Irlanda dejó mucho que desear. Después de que tanto su padre como sus dos hermanastros no llegaran a ningún acuerdo con los irlandeses, Isabel I parecía extrañamente decidida a alinearlos.

En comparación con Eduardo VI y María, el acuerdo religioso de Isabel fue moderado. Estaba diseñado para complacer al mayor número posible de personas y mantener la paz, pero seguía sin ser aceptable para los irlandeses. Seguían siendo estrictamente católicos y se producían frecuentes rebeliones contra el dominio inglés y el protestantismo. Al no poder convertir a los irlandeses, Isabel I recurrió a otro método para someter a la isla: las plantaciones.

Las plantaciones eran tierras arrebatadas a los irlandeses (generalmente católicos) y redistribuidas a los colonos ingleses, que eran protestantes. Esto solía ocurrir después de una rebelión, como la de Shane O'Neill y la de Desmond. Inglaterra confiscaba las tierras de los rebeldes y luego las redistribuía entre los súbditos ingleses leales. Era un método burdo de pacificación que se basaba en la sustitución de la población irlandesa rebelde por otra inglesa más obediente. Esta población inglesa protestante era conocida como los nuevos ingleses.

Sin embargo, este método de sustitución de la población rebelde por una población leal no era lo suficientemente exhaustivo como para que realmente funcionara. Las poblaciones de las plantaciones no eran tan puramente neoinglesas como debían serlo para que Inglaterra dominara realmente. Los anglo-irlandeses (también llamados ingleses antiguos) y los irlandeses gaélicos seguían siendo numerosos, todavía eran católicos y se oponían al dominio inglés. Quizá la peor de estas rebeliones fue la de Tyrone, también conocida como la guerra de los Nueve Años, que duró desde 1594 hasta 1603.

La rebelión de Tyrone tuvo lugar en el Ulster, la región más septentrional de Irlanda. Gracias a las plantaciones, el Ulster era la única región de Irlanda que no estaba fuertemente infectada por los ingleses. El conde de Tyrone, Hugh O'Neill, era el hombre más poderoso de esta región. No está claro qué fue precisamente lo que provocó la rebelión. Es probable que O'Neill se sintiera aislado y amenazado por el creciente poder inglés y decidiera dar el primer golpe en 1594.

Enfrentarse a los ingleses, mucho más organizados y ricos, fue una jugada arriesgada para O'Neill, pero supo aprovechar el momento oportuno para su rebelión. Los ingleses estaban inmersos en otros conflictos en el continente, lo que les dificultaba disponer de recursos para hacer frente a la rebelión irlandesa. Además, España, como país católico y enemigo de Inglaterra, estaba dispuesta a prestar su apoyo a O'Neill, y esto fue un chute de motivación.

La rebelión de Tyrone se prolongó durante nueve años. Al principio, los ingleses carecían de personal para responder, pero cuando los colonos ingleses empezaron a ser masacrados, Isabel I tuvo que responder. El primer comandante militar que envió fue el conde de Essex, y demostró ser totalmente incompetente. Fue sustituido en 1600 por lord Mountjoy, que consiguió obligar a O'Neill a rendirse en 1603.

La rebelión de Tyrone fue una guerra amarga y sangrienta que solo sirvió para agriar aún más las relaciones anglo-irlandesas. La guerra implicó muchas tácticas de guerrilla, causando la muerte de muchos civiles y la destrucción de muchas tierras y propiedades, especialmente en el Ulster, pero también en las regiones del sur de Irlanda. Los ingleses no mostraron ninguna piedad a la hora de someter la región, y aunque tuvieron éxito a corto plazo, esto no hizo sino profundizar el resentimiento del pueblo irlandés hacia el dominio inglés.

Poco después de la rebelión de Tyrone, en 1607, muchos de los nobles irlandeses huyeron a Europa. Su objetivo era conseguir el apoyo católico a su causa y regresar para reclamar sus tierras y su poder. Sin embargo, nunca regresaron. Este acontecimiento, conocido como «la Fuga de los condes», dejó a los laicos irlandeses sometidos a los caprichos de los ingleses. El gobierno inglés confiscó las tierras de los condes que habían huido y las redistribuyó entre los nuevos colonos ingleses (entre los que había muchos escoceses).

Con estos nuevos asentamientos, el Ulster contó de repente con una gran población tanto de protestantes ingleses como de presbiterianos escoceses, que se ha mantenido hasta nuestros días. Este fue el origen de lo que hoy es Irlanda del Norte, la única parte de Irlanda que está unida a Inglaterra en el Reino Unido.

Nueva dinastía, más rebeliones

Después de su experiencia bajo Isabel I, los irlandeses se sintieron aliviados cuando Jacobo I subió al trono, pero su alegría duró poco. El nuevo rey dejó claro casi de inmediato que no tenía intención de aliviar la persecución de los católicos, y continuó la expansión de las plantaciones, poblando Irlanda con protestantes ingleses. Estos protestantes se convirtieron en los terratenientes, y los irlandeses, que solían ser propietarios de las tierras, se vieron obligados a trasladarse a zonas infértiles y hostiles o a convertirse en arrendatarios, pagando precios escandalosos y siendo explotados.

Así que, una vez más, los irlandeses se rebelaron. Al igual que en la rebelión de Tyrone, volvieron a esperar la oportunidad perfecta. Era el otoño de 1641. Carlos I se había visto obligado a convocar el Parlamento para hacer frente a la rebelión escocesa en el norte, e Inglaterra se estaba fracturando según las líneas realistas y parlamentarias. El rey se encontraba en una posición de extrema debilidad, lo que, con suerte, haría que estuviera dispuesto a ceder a las demandas. El momento era propicio, y los católicos del Ulster se levantaron.

La revuelta se extendió por toda la isla y, tras décadas de resentimiento, no tardó en volverse sangrienta. Aunque muchos de ellos probablemente exageraron el contenido de muchas historias de la guerra, los irlandeses gaélicos mataron a los nuevos colonos ingleses por miles. A pesar de este derramamiento de sangre, los antiguos ingleses se unieron a los irlandeses gaélicos en la rebelión de 1642, formando la Confederación de Kilkenny como gobierno provisional. Los lazos de la religión habían demostrado ser más fuertes que los de la ascendencia.

La rebelión irlandesa asustó mucho al pueblo inglés. Estaban convencidos de que los malvados católicos iban a invadir y matar a todos los protestantes. Inglaterra tenía que responder, pero para ello necesitaba levantar otro ejército. Fue entonces cuando Carlos I y el Parlamento empezaron a tomar medidas militares por separado, y comenzó la guerra civil inglesa. La rebelión irlandesa fue el impulso final que obligó al rey y al Parlamento a entrar en guerra.

¿Qué pasó con la rebelión irlandesa tras el enfrentamiento entre el rey y el Parlamento? Durante los siete años siguientes, Inglaterra estuvo demasiado ocupada con su propia situación como para enviar un ejército a pacificar Irlanda. Los irlandeses participaron en la guerra civil inglesa durante este tiempo, poniéndose del lado del rey con la esperanza de negociar la tolerancia religiosa para los católicos (algo que el Parlamento, dirigido por los puritanos, no estaba dispuesto a conceder).

Pero entonces, en 1649, Carlos I fue ejecutado y la nueva Mancomunidad inglesa dirigió su atención a Irlanda. Cromwell y su ejército llegaron ese mismo año y procedieron a recuperar la isla a cualquier precio. El recuerdo de la rebelión de 1641 y de la matanza de colonos ingleses era todavía reciente. El ejército inglés mató a sacerdotes y civiles católicos. Los soldados quemaron y destruyeron casi todo lo que encontraron a su paso. La destrucción fue tan grave que más de 200.000 personas murieron directamente por la violencia o por inanición.

Tras la reconquista oficial de la isla, el gobierno inglés volvió al método de las plantaciones, confiscando de nuevo las tierras de los católicos y redistribuyéndolas entre los protestantes ingleses. La persecución de los católicos en este periodo (cuando los puritanos controlaban el gobierno inglés) alcanzó un nuevo máximo. Se confiscó tanta tierra que, en el momento de la Restauración inglesa, los católicos poseían menos del 10%

de la tierra en Irlanda; en 1641 poseían el 60% de la tierra.

Como se puede imaginar, todo esto intensificó aún más el profundo resentimiento y la amargura entre irlandeses e ingleses. Las relaciones anglo-irlandesas no eran más que una serie de rebeliones y duras represalias. Los ingleses nunca lograron comprender realmente la situación en Irlanda y solo consiguieron mantener el control mediante la fuerza militar. Desgraciadamente, este patrón estaba destinado a prolongarse en el tiempo.

La Irlanda jacobita

Con la restauración de la monarquía y la ascensión de Carlos II, las cosas en Irlanda mejoraron brevemente. Carlos II devolvió a los católicos algunas de las tierras que les habían sido arrebatadas durante la época cromwelliana. Carlos II fue el primer monarca en bastante tiempo que simpatizaba con los católicos irlandeses, pero su simpatía solo implicaba no molestarlos. Necesitaba el apoyo de los protestantes irlandeses, que ahora eran la clase terrateniente de Irlanda y, por tanto, los que controlaban el dinero.

Cuando Jacobo II se convirtió en rey en 1685, los católicos tuvieron por fin un rey de su lado. Durante los tres breves años de su reinado, el ejército irlandés vio una afluencia de católicos, y los protestantes fueron destituidos de muchos puestos del gobierno local. Los nuevos ingleses comenzaron a abandonar el país. Parecía que la marea iba a cambiar finalmente a favor de los católicos, pero entonces se produjo la Revolución Gloriosa.

En la Revolución Gloriosa, Irlanda fue el único de los tres reinos de Jacobo II que permaneció fiel. Después de huir de Inglaterra, Jacobo II ideó un plan, con el apoyo de los franceses, en el que se haría con el control del trono irlandés y utilizaría Irlanda como base para retomar Inglaterra. En 1689, Jacobo II desembarcó en Kinsale y se dispuso a hacerlo.

La toma de posesión de Irlanda por parte de Jacobo II fue inicialmente bastante buena. Tenía el apoyo de los católicos irlandeses, por lo que tenía el control del sur y el oeste de Irlanda. El Ulster, en el norte, era el reducto protestante, y las fuerzas de Jacobo II lo tenían sitiado. Parecía que Jacobo II podría pasar a invadir Inglaterra, pero entonces llegó el rey Guillermo III para tomar personalmente el mando de la situación.

Guillermo III en la batalla del Boyne por Jan Wyck
https://commons.wikimedia.org/wiki/File:King_William_III_at_the_battle_of_the_Boyne,_1690.jpg

Las fuerzas de Guillermo comenzaron a hacer retroceder a las tropas de Jacobo II, y en la batalla del Boyne, el 1 de julio de 1690, se enfrentaron los dos bandos. Fue la mayor batalla que se produjo en las islas británicas, y el bando de Jacobo II se vio obligado a retirarse. Aunque su ejército seguía intacto, la derrota hizo que Jacobo II huyera a Francia. Nunca más volvería a pisar las islas británicas. A pesar de la huida de Jacobo II, su ejército resistió un año más antes de ser derrotado en 1691.

Una vez más, los católicos irlandeses habían luchado con la esperanza de retomar el control de Irlanda, y una vez más, habían fracasado. Las represalias de los terratenientes protestantes tras la batalla del Boyne y la derrota de los católicos irlandeses fueron, por decirlo suavemente, duras. En las décadas siguientes, el Parlamento irlandés, controlado por los protestantes, aprobó el Código Penal, que prohibía a los católicos prácticamente todo, desde votar hasta llevar una espada o comprar tierras por encima de una determinada cantidad.

Así que, al final de la era moderna, Irlanda se encontraba en una situación bastante miserable. La mayoría de la población era católica y no tenía prácticamente ningún derecho. El país estaba controlado por Londres, pero este no comprendía al pueblo irlandés y solo actuaba en interés de la clase dirigente protestante inglesa. Las numerosas rebeliones demuestran que la cuestión irlandesa fue realmente un problema para Inglaterra durante los primeros años de la Edad Moderna, pero al final de la misma, Inglaterra no se había acercado a su solución. En todo caso, las cosas habían empeorado.

Capítulo 15: Conquista y colonización

En 1919, el Imperio británico alcanzó su apogeo con territorios en todos los continentes. Esta pequeña isla tardó trescientos años en llegar al punto en que controlaba un área que abarcaba todo el globo, y todo comenzó a principios de la era moderna.

La primera colonia británica

Entonces, ¿dónde empezó todo? ¿Cuál fue el primer asentamiento que inició lo que se convertiría en el mayor imperio de la historia? ¿Fue Plymouth? ¿Jamestown? ¿Y la colonia perdida de Roanoke o las pesquerías de Terranova?

Solemos centrarnos en las colonias del otro lado del Atlántico cuando consideramos el inicio del Imperio británico, pero la primera colonia estuvo mucho más cerca de casa. Recordemos que Inglaterra conquistó tanto Gales como Irlanda en la Edad Media. Ahora bien, la conquista no equivale necesariamente a la colonización. La colonización implica la creación de asentamientos, y aunque Inglaterra no lo hizo en la Edad Media, los ingleses sí empezaron a colonizar Irlanda a principios del periodo moderno.

Aunque no solemos pensar en Irlanda como una colonia inglesa, las plantaciones de las que hablamos en el último capítulo, en las que se confiscó la tierra y se redistribuyó a los nuevos colonos ingleses, son un ejemplo textual de colonización. La tierra fue conquistada y luego colonizada para establecer el dominio de los ingleses sobre la población irlandesa original.

Aunque las plantaciones fueron una parte fundamental de la política de Isabel I, comenzaron durante el reinado de la reina María. María aprobó la creación de plantaciones inglesas en Irlanda durante su breve reinado, de 1553 a 1558. Esto convierte a Irlanda en la primera colonia inglesa, y como probablemente se haya dado cuenta en el capítulo anterior, no fue precisamente una colonia exitosa. Irlanda se rebeló constantemente, costando a los ingleses mucha sangre y dinero. Las plantaciones tampoco tuvieron mucho éxito monetario. Si las demás colonias de Inglaterra seguían el modelo de Irlanda, la colonización resultaría menos beneficiosa de lo que parecía.

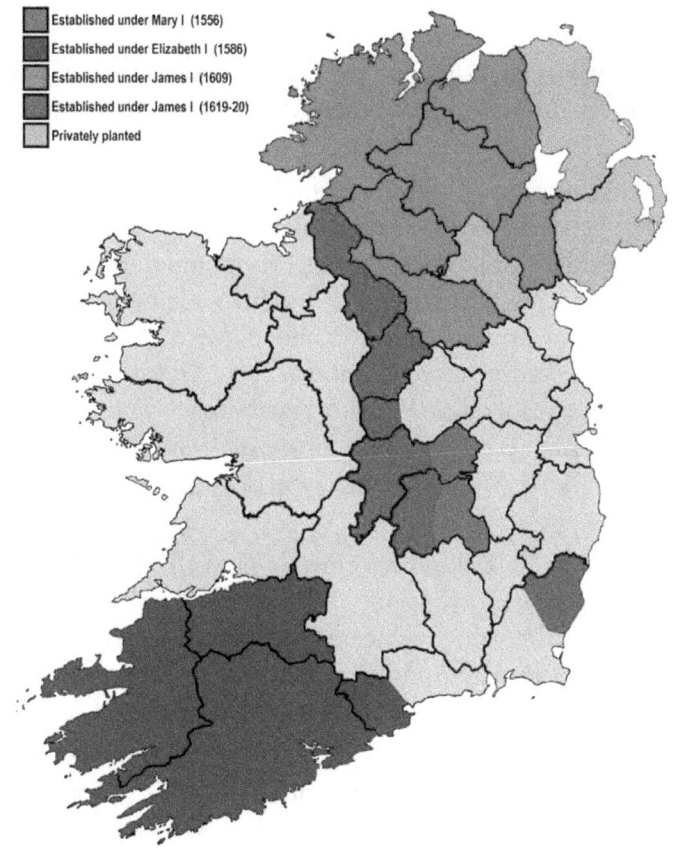

Establecimiento de las plantaciones irlandesas
Usuario: Asarlaí, CC BY-SA 4.0 <https://creativecommons.org/licenses/by-sa/4.0>, vía Wikimedia Commons: https://commons.wikimedia.org/wiki/File:Plantations_in_Ireland.png

Primeros intentos de colonización

Como sabemos lo que ocurrió después, a menudo pensamos en Gran Bretaña como el rey de la colonización, pero como mencionamos en el capítulo 7, Inglaterra llegó tarde al reparto. España fue la primera en subirse al tren de la colonización, estableciendo su primer asentamiento en 1493. El Nuevo Mundo aportó a España una gran riqueza, y en la época isabelina, Inglaterra era consciente de que se había perdido algo.

Los primeros intentos de colonización de Inglaterra no salieron como estaba previsto. La primera zona que descubrieron los exploradores ingleses fue Terranova en 1497. Terranova demostró tener abundancia de un recurso concreto: el pescado. El pescado, sin embargo, no requería una colonia permanente. Los pescadores ingleses se dirigían a la zona de Terranova, llenaban sus barcos de pescado y volvían para venderlo. Terranova acabaría convirtiéndose en una colonia en 1610, pero durante aproximadamente un siglo siguió siendo un puesto de pesca y no un asentamiento.

El siguiente intento de colonización fue un asentamiento real. En 1587, sir Walter Raleigh aprobó el asentamiento de Roanoke. Si Roanoke hubiera tenido éxito, habría sido el primer asentamiento inglés al otro lado del Atlántico. Sin embargo, Roanoke no tuvo éxito. El primer año fue difícil, por lo que el alcalde, John White, navegó de vuelta a Inglaterra para obtener más suministros. Cuando regresó tres años después, la colonia estaba abandonada. Se ha especulado que los colonos se trasladaron a una isla cercana y se unieron allí a los nativos, pero hasta el presente no se sabe con certeza qué ocurrió con la colonia perdida de Roanoke.

Este fue el intento de colonización de la época isabelina. A pesar de la exploración y las audaces aventuras de famosos marineros como Francis Drake y sir Walter Raleigh, Inglaterra no consiguió ningún asentamiento permanente al otro lado del Atlántico. Esto puede parecer extraño porque tendemos a relacionar la exploración y la colonización. Los exploradores encuentran nuevos lugares y luego esos lugares son colonizados.

Así es como funciona técnicamente, pero en aquella época se necesitaba mucho más tiempo del que uno puede imaginar inicialmente. Viajar a través del Atlántico llevaba semanas, y no se podía establecer un asentamiento en el primer viaje. Exploradores como Walter Raleigh hicieron varios viajes para determinar cuál era el mejor lugar para un asentamiento. Era necesario estar al menos familiarizado con la zona antes de traer colonos. Pasaron muchas décadas entre el descubrimiento del Nuevo Mundo y su asentamiento.

Así, la riqueza que Inglaterra obtuvo en la gran Era de la Exploración se debió sobre todo a la piratería y a la participación en el comercio de esclavos, más que a sus asentamientos. Los españoles habían descubierto oro en el Nuevo Mundo. Sin embargo, los ingleses habían encontrado pescado.

La era de la colonización

En la época de los Estuardo, la colonización se puso realmente en marcha para los ingleses. La primera colonia permanente de Jamestown se fundó en 1607, y pronto le siguieron otras colonias. Kitts, Barbados y Nevis (todas ellas islas del Caribe) fueron colonizadas por los ingleses en la década de 1620. Los ingleses establecieron puestos comerciales en Bengala en 1636 y obtuvieron el control de Bombay en 1661. En 1655, los británicos arrebataron Jamaica a los españoles y, en 1664, arrebataron a los holandeses el control de Nueva Holanda (que se convirtió en Nueva York). Las Bahamas fueron colonizadas en 1666, y el Tratado de Utrecht de 1713 (el tratado que puso fin a la guerra de sucesión española) dio a Gran Bretaña el control de la bahía de Hudson, Terranova y otros lugares.

Lo que ilustran todas esas fechas y nombres de lugares es la expansión gradual y constante del poder colonial británico en la época de los Estuardo. Mientras los Estuardo vivían muchos conflictos internos en cosas como la guerra civil inglesa y la Revolución Gloriosa, el poder exterior de Gran Bretaña crecía. De hecho, en cierto modo, los conflictos internos podrían haber contribuido a alimentar el impulso de la colonización.

El caos de la guerra civil inglesa provocó el crecimiento de varias sectas religiosas, algunas de las cuales, como los cuáqueros, buscarían la libertad religiosa en las colonias. Especialmente después de la Restauración, Inglaterra fue mucho menos amable con los puritanos y otros disidentes (protestantes ajenos a la Iglesia de Inglaterra), lo que llevó a muchos a probar suerte al otro lado del Atlántico. Colonias como Plymouth, la Bahía de Massachusetts y Pensilvania fueron fundadas por personas que buscaban la libertad de practicar su religión en paz.

Sin embargo, decir que muchas de las colonias británicas se fundaron por la libertad de religión puede resultar engañoso. Irónicamente, los grupos que viajaron al Nuevo Mundo por razones religiosas no solían estar a favor de la libertad religiosa en general. Por ejemplo, la colonia de la Bahía de Massachusetts (fundada por puritanos) desterró a quienes no estaban de acuerdo con sus creencias. Podían hacerlo porque los gobiernos de estas colonias eran a menudo teocracias, lo que significa que los líderes de la iglesia eran también los líderes del gobierno. Por lo tanto, la idea de que Estados Unidos siempre ha sido un país de libertad religiosa y de separación de la Iglesia y el Estado está muy lejos de la realidad. Varias de las primeras colonias americanas eran religiosamente estrictas y teocráticas.

La religión no fue la única razón por la que la gente se trasladó a las colonias. El otro factor principal era de naturaleza más terrenal: la economía. Como hemos visto en el capítulo 11, la pobreza era un problema creciente en Inglaterra, y las colonias ofrecían una oportunidad a los que tenían mala suerte. Los pobres viajaban a menudo a las colonias como sirvientes contratados.

En teoría, los siervos contratados hacían que otra persona pagara su pasaje a las colonias y luego trabajaban para esa persona durante cierto tiempo hasta que se pagaba la deuda. A veces funcionaba así, pero otras veces el empleador de un siervo en régimen de servidumbre añadía elementos, como el alojamiento y la manutención, a la deuda de una persona para asegurarse de que nunca pudiera pagarla. En estas circunstancias, los siervos contratados podían convertirse en esclavos virtuales, y sus hijos incluso se veían obligados a continuar en la servidumbre para pagar la deuda de sus padres.

Durante la colonización inicial de lugares como Virginia, los criados en régimen de servidumbre hacían la mayor parte del trabajo, pero esta práctica acabó perdiendo popularidad cuando los colonos descubrieron una fuente de trabajo aún más barata: los esclavos. En 1660 se fundó la Real Compañía Africana, y el comercio de esclavos se convirtió en parte integrante de la economía estadounidense, sobre todo en las colonias del sur, más centradas en la agricultura. Hicieron falta dos siglos y una guerra muy sangrienta para poner fin a esta horrible práctica.

La servidumbre y el comercio de esclavos son una cara oscura de la era de la colonización, y muestran hasta qué punto la colonización estaba orientada a la economía. Cuando somos jóvenes, aprendemos sobre los valientes hombres y mujeres que partieron hacia tierras desconocidas en busca de libertad religiosa, aventuras y oportunidades, pero el hecho es que la mayoría de los colonizadores solo buscaban ganar dinero. El Nuevo Mundo contaba con recursos como el tabaco y el azúcar, y se podían obtener enormes cantidades de dinero comerciando con esos recursos. Muchas personas sufrieron terribles abusos en la búsqueda de esa riqueza.

Hablando de personas que fueron abusadas en la búsqueda de ganancias económicas, había poblaciones nativas en los lugares que los británicos colonizaron. ¿Qué les ocurrió? Puede que los británicos no practicaran acciones tan cruentas como las atribuidas a los conquistadores españoles, pero había otras formas de devastar las poblaciones nativas. La viruela fue más mortífera que las armas europeas.

Se calcula que alrededor del 90% de la población indígena de las Américas murió a causa de las enfermedades traídas por los europeos. Este nivel apocalíptico de destrucción fue la razón por la que los británicos y otros europeos pudieron colonizar el Nuevo Mundo con tanta facilidad. Cuando las colonias británicas comenzaron a expandirse, no dudaron en expulsar a los nativos que quedaban.

La colonización fue como un incendio. Proporcionó a Gran Bretaña riqueza y recursos, pero fue destructiva para muchos otros grupos. La colonización es un tema controvertido. No cabe duda de que el mundo no existiría tal y como lo conocemos hoy sin el Imperio británico, pero la naturaleza positiva de esto es una cuestión que sigue debatiéndose.

¿Cómo funcionó la colonización?

Hemos hablado mucho de la forma general y el impacto de la colonización inglesa, pero ahora es el momento de detenernos a considerar si sabemos cómo funciona la colonización. ¿La colonización consiste simplemente en desembarcar en un lugar, plantar una bandera inglesa en el suelo y reclamar la tierra para Inglaterra? ¿Cómo se coloniza un lugar? En el siguiente capítulo trataremos los detalles de lo que ocurría en las diferentes colonias inglesas a principios de la Edad Moderna, pero consideremos los aspectos básicos del proceso de colonización.

Aunque estamos hablando de la colonización inglesa en general, la colonización no fue llevada a cabo por el gobierno inglés en la mayoría de los casos (Irlanda es una excepción). En cambio, la colonización fue obra de compañías.

Sí, compañías. La Corona inglesa concedía cartas a las compañías, otorgándoles el derecho a colonizar y comerciar en determinadas zonas. Estos estatutos otorgaban a las compañías un monopolio, lo que significa que nadie más podía iniciar un asentamiento o comerciar allí.

Entonces, ¿por qué querría una compañía fundar una colonia? Al principio, no lo hacían. Antes de la fundación de Jamestown en 1607, se fundaron compañías como la Levant Company y la Compañía Británica de las Indias Orientales para comerciar con el Imperio otomano y la India, respectivamente. La Compañía de Virginia fue la primera en establecer un asentamiento permanente (Jamestown).

La fundación de un asentamiento otorgaba a la compañía mucho más control sobre la adquisición de recursos. Sin un asentamiento, si las compañías querían reunir recursos para comerciar, tenían que encontrar nativos con los que hacer un trato o reunir recursos periódicamente, como ocurría con el pescado en Terranova. En el caso de los productos agrícolas, como el tabaco y el azúcar, era crucial contar con asentamientos para cultivar y cosechar los productos.

Entonces, una empresa quería establecer una colonia para poder aprovechar los recursos de una zona. ¿Cómo lo hacía? Una compañía solía estar formada por un grupo de individuos ricos. Una vez que contaban con la aprobación del monarca, que incluía una carta que les otorgaba el derecho exclusivo a comerciar y establecerse en esa zona, este grupo financiaba la colonia. Pagaban los barcos y los recursos para enviar a los colonos y comenzar el asentamiento. A cambio, la compañía tenía el control de los recursos que la colonia producía, así como el control del comercio con la colonia.

Las colonias religiosas comenzaron de forma casi idéntica. Aunque su objetivo fuera menos económico, las colonias religiosas tenían que solicitar una carta al monarca, y los propietarios de esa carta eran responsables de la financiación de la colonia. También tenían el control del comercio en esa zona. Algunos grupos religiosos se asociaron con un grupo de individuos ricos para obtener los recursos para iniciar la colonia y acordaron dar a los propietarios una serie de años de beneficios de la colonia para pagar el respaldo inicial.

Sin embargo, las colonias religiosas politizaron la idea de los estatutos y las compañías al transferir la propiedad de la compañía a la propia colonia. Una vez que había devuelto el dinero a sus propietarios, la colonia volvía a comprar el control de sí misma. Esto fue lo que ocurrió en Massachusetts.

Puede parecer una pequeña diferencia, pero fue muy significativa. Convirtió a la colonia en una entidad legal casi autónoma, capaz de gobernarse a sí misma y que solo tenía una vaga conexión con Inglaterra. Este tipo de actitud independiente puede ayudar a explicar por qué las colonias americanas fueron las primeras en rebelarse contra el dominio británico. En Nueva Inglaterra se fundaron muchas de estas colonias religiosas y, desde el principio, muchas de ellas tuvieron una actitud más separatista hacia Inglaterra.

En cambio, las colonias del Caribe eran casi puramente económicas. Las plantaciones de azúcar solían ser propiedad de terratenientes ausentes que seguían viviendo en Inglaterra, por lo que las posibilidades de un movimiento independentista que traspasara las líneas de clase eran prácticamente nulas. La economía fue el vínculo que inició y fortaleció la colonización.

El problema de un debate general sobre la colonización es que oscurece la singularidad de cada situación. Inglaterra colonizó muchos lugares. Los esfuerzos de colonización en Irlanda, India, las colonias americanas y el Caribe fueron todos diferentes. En el próximo capítulo profundizaremos en cada una de las colonias para comprender cómo era el Imperio británico en todo el mundo a principios de la era moderna.

Capítulo 16: La continuación del Imperio

En el último capítulo, examinamos la colonización inglesa desde un punto de vista más amplio. Ahora vamos a centrarnos en cada una de las colonias para comprender mejor los detalles de la colonización en la Inglaterra moderna.

Las colonias americanas

Comenzamos con las colonias americanas por la sencilla razón de que el primer asentamiento permanente de Inglaterra fue Jamestown, Virginia, en 1607. A continuación, se fundaron doce colonias más para formar las trece colonias americanas que más tarde se convertirían en el inicio de los Estados Unidos. De las trece colonias, doce se fundaron en la época de los Estuardo, con la única excepción de Georgia, que se fundó en 1732.

Como sabemos que las Trece Colonias se convertirían más tarde en una sola nación, a menudo hablamos de ellas como si fueran una sola entidad, pero no fue así. Las Trece Colonias eran trece asentamientos separados que se fundaron en diferentes momentos y por diferentes razones.

Virginia fue una empresa económica. Fue el intento de Inglaterra de introducirse en el Nuevo Mundo. Aunque el asentamiento de Jamestown tuvo un comienzo muy difícil, logró sobrevivir. Y cuando se introdujo el cultivo del tabaco, pasó de sobrevivir a prosperar. En 1619, Virginia tenía incluso su propio gobierno local.

Las colonias que siguieron inmediatamente a Virginia estaban menos centradas en la economía. Los peregrinos que fundaron Massachusetts en 1620 eran separatistas (puritanos que querían separarse totalmente de la Iglesia de Inglaterra). Llegaron al Nuevo Mundo buscando la libertad religiosa. Otras colonias que se iniciaron por motivos religiosos son Rhode Island (que fue fundada por personas desterradas de la colonia de la Bahía de Massachusetts), Maryland (fundada para los católicos romanos) y Pensilvania (fundada por los cuáqueros).

Pero la economía y la religión no fueron las únicas razones por las que se formaron las colonias. Nueva York y Delaware fueron fundadas originalmente por los Países Bajos y Suecia y se convirtieron en colonias inglesas cuando Inglaterra obtuvo el control. Otras colonias posteriores fueron el resultado de la expansión de la población y de los desplazamientos desde las colonias originales. Por ejemplo, Carolina del Norte y del Sur fueron fundadas por colonos procedentes de Virginia. La última colonia, Georgia, se fundó como colonia de deudores, proporcionando un hogar a muchos de los deudores de las prisiones inglesas.

Aunque se unieron más tarde, al principio, las Trece Colonias eran un paquete variado de grupos diferentes. Eran las colonias que acogían a los colonos que se sentían incómodos en Inglaterra por diferentes razones. Los colonos buscaban oportunidades económicas, libertad religiosa o simplemente un nuevo comienzo. El hecho de que muchos de los colonos americanos buscaran alejarse de Gran Bretaña puede ayudar a explicar por qué fueron los primeros en rebelarse contra el dominio británico en 1776.

Así pues, las colonias americanas eran una tierra de oportunidades para muchos, pero ¿hasta qué punto eran importantes para Gran Bretaña como nación? Las Trece Colonias no eran muy importantes económicamente para Inglaterra. Virginia ganaba dinero con el comercio de tabaco, y las colonias del sur participaban en el comercio de esclavos, pero estas colonias no eran minas de oro. Las colonias americanas se convirtieron casi en un hervidero de grupos conflictivos para Gran Bretaña, más que en una joya de su corona colonial. Cuando Gran Bretaña perdió las Trece Colonias después de la guerra de la Independencia, no hizo mucha mella en la riqueza del Imperio británico. Había otras posesiones coloniales que Gran Bretaña estaba mucho más dispuesta a conservar.

Canadá

En Canadá hacía más frío, lo que podría significar que era una zona mucho menos rentable, pero Canadá tenía una gran cantidad de un producto de alta gama: las pieles.

El comercio de pieles en la zona de Canadá era un negocio lucrativo, tanto que Gran Bretaña no era la única en esta zona. Los franceses tenían más presencia en Canadá que los británicos a principios de la era moderna. No fue hasta la victoria británica en la guerra de los Siete Años (1756-1763) que los franceses cedieron el control de Canadá a Gran Bretaña.

Sin embargo, eso no significa que los británicos no hicieran nada en Canadá durante esta época. Como mencionamos en el último capítulo, Terranova fue una de las primeras zonas que los exploradores ingleses descubrieron en el Nuevo Mundo en 1497. Los pescadores comenzaron a pescar regularmente en la costa canadiense.

El primer asentamiento inglés permanente en Canadá fue el de Cupids Bay, en Terranova, en 1610. Este hecho fue bastante temprano en la historia del colonialismo inglés, ya que se produjo solo tres años después de la fundación de Jamestown, pero el asentamiento solo duró hasta 1628. Sin embargo, la fundación de Cupids Bay demuestra que Inglaterra conocía y estaba interesada en Canadá desde el principio.

El colonialismo canadiense del siglo XVII estuvo dominado por los franceses. El único otro acontecimiento importante para los ingleses fue la fundación de la Compañía de la Bahía de Hudson en 1670. La Compañía de la Bahía de Hudson estaba interesada principalmente en el comercio de pieles y, a diferencia del tabaco en Virginia y el azúcar en el Caribe, la forma más fácil de participar en el comercio de pieles era comerciar con los nativos, que sabían manejarse mucho mejor en la naturaleza canadiense y podían atrapar animales con habilidad.

Esto significaba que la Compañía de la Bahía de Hudson no estaba tan interesada en crear el tipo de asentamientos permanentes que existían en las colonias americanas del sur. En su lugar, construyeron puestos comerciales desde los que realizaban intercambios con los nativos. La mayoría de estos puestos fueron tomados por los franceses, pero los británicos pudieron recuperar el control como parte del Tratado de Utrecht, que puso fin a la guerra de sucesión española.

El efecto del Tratado de Utrecht sobre los puestos de comercio de pieles en Canadá demuestra lo conectado que estaba el Imperio británico. Los éxitos en una guerra que tuvo lugar en gran parte en el continente europeo fueron decisivos para ayudar a los británicos a mantener el control de la bahía de Hudson. Aunque geográficamente se diferencien de Inglaterra, es imposible entender la historia de este país sin tener en cuenta sus colonias.

El Caribe

Algunas colonias que tuvieron un profundo impacto en Inglaterra fueron el Caribe, o las Indias Occidentales, como se las llamaba en aquella época, las cuales generaban mucho dinero. Las plantaciones de azúcar en las Indias Occidentales dieron lugar a muchas fortunas británicas.

Sin embargo, las Indias Occidentales no empezaron en manos británicas. Cuando los ingleses llegaron a la escena, los españoles ya se habían hecho con el control de la mayor parte de las Indias Occidentales. Sin embargo, los ingleses no estaban dispuestos a dejar que la riqueza que ofrecía este paraíso tropical se les escapara de las manos. Al principio, los corsarios ingleses se limitaron a intentar obtener beneficios vendiendo esclavos de África a las colonias españolas del Caribe. Sin embargo, el gobierno español no quería que se interrumpiera su monopolio comercial y destruyó los barcos ingleses que intentaban comerciar. Esto condujo a una forma más agresiva de piratería inglesa. En lugar de comerciar con España, los ingleses se limitaban a tomar los lingotes directamente de los barcos.

En la época isabelina, los piratas ingleses eran una amenaza constante no solo en el Caribe controlado por España, sino también en el océano Pacífico. Cuando Francis Drake circunnavegó el mundo, lo hizo a costa de muchos barcos españoles. Tal vez se pregunte por qué los barcos ingleses que atacaban a los barcos españoles y robaban oro no provocaron inmediatamente una guerra. Después de todo, si eso ocurriera hoy, España e Inglaterra comenzarían una guerra instantáneamente.

Durante esta época, había un dicho que decía: «No hay paz más allá de la línea». Lo que esto significaba era que, pasado cierto punto en el océano Atlántico, la diplomacia y los acuerdos de paz de Europa ya no eran válidos. Se desconoce si había una línea específica en la que esto ocurría, pero el hecho era el mismo. El Nuevo Mundo era una frontera y no se aplicaban las reglas normales de combate. Aunque España e Inglaterra estuvieran en paz en Europa, chocaban regularmente en el Caribe. Técnicamente podría haber sido obra de piratas ingleses, pero era bien sabido que Isabel I apoyaba a los corsarios. Francis Drake fue nombrado caballero por la reina tras regresar de su circunnavegación del globo, durante la cual saqueó bastantes barcos españoles.

Isabel I nombrando caballero a Francis Drake en el monumento de Tavistock
Lobsterthermidor en es.wikipedia, CC0 , vía Wikimedia Commons:
https://commons.wikimedia.org/wiki/File:DrakeKnightedTavistockMonument.jpg

Esta fue la presencia de los Tudor en las Indias Occidentales. Fueron los piratas los que se encargaron de quitarle el poder a los españoles, pero el poder español estaba destinado a declinar. En la época de los Estuardo, Inglaterra comenzó por establecer colonias en islas que aún no habían sido reclamadas, como San Cristóbal (1623), Nieves (1628) y Barbados (1627).

Estos asentamientos caribeños eran excelentes para cultivos como el tabaco y el azúcar, pero no eran tan hospitalarios para los colonos. Las enfermedades tropicales mataron a una gran parte, y muchos colonos que estaban interesados en comenzar una nueva vida en el Nuevo Mundo acabaron trasladándose al norte, a las colonias americanas. La alta tasa de mortalidad también significaba que las Indias Occidentales necesitaban una afluencia constante de trabajadores para mantener el funcionamiento de las plantaciones, que llegaron en forma de sirvientes contratados y luego de esclavos. El Caribe mantuvo el comercio de esclavos durante casi dos siglos, hasta que se prohibió en 1807.

A mediados de la década de 1650, Inglaterra contaba con algunos asentamientos en el Caribe, pero estas colonias, al igual que las trece colonias americanas, habían sido creadas como empresas privadas. La siguiente pregunta era cómo el propio gobierno inglés podía sacar provecho de estas colonias, y esa pregunta no la respondió un monarca, sino Oliver Cromwell. Durante el Interregno, Oliver Cromwell tuvo dos ideas para tratar de aprovechar las oportunidades del Nuevo Mundo.

La primera idea fueron las Leyes de Navegación. Estas leyes prohibían a las colonias inglesas comerciar con potencias extranjeras. Esto se basaba en la idea de que cualquier comercio con otros países era una pérdida para Inglaterra. Las Leyes de Navegación continuaron después de la Restauración inglesa y siguieron siendo la política colonial británica durante unos dos siglos.

El otro plan colonial de Oliver Cromwell era más específico para el Caribe y más ambicioso. El Designio Occidental de Cromwell era un plan para hacerse con el control de las colonias españolas en el Caribe. Esto supuso un gran cambio en la forma de entender el colonialismo. Era el gobierno inglés, y no las empresas privadas, el que se encargaba de la colonización, y en lugar de colonizar tierras no reclamadas, se las arrebataba directamente a los españoles. Por primera vez, el gobierno inglés buscaba directamente la expansión de su imperio.

En cuanto al éxito del Designio Occidental, pudo haber sido mucho mejor. Los ingleses no lograron capturar la principal colonia española de La Española. Consiguieron apoderarse de Jamaica en 1655, pero les costaría mucho trabajo mantener el control de la misma. De hecho, Inglaterra fomentó la presencia de bucaneros (piratas) para que ayudaran a defender Jamaica de los españoles, pero cuando estos finalmente se retiraron, los piratas se quedaron allí. Tuvieron que pasar décadas hasta que Inglaterra pudo controlar la piratería en el Caribe.

En la época de los Estuardo, el control inglés en el Caribe se expandió gradualmente, y estas colonias se convirtieron en algo crucial para el mercantilismo en el que se basaba la colonización. El mercantilismo es un sistema económico en el que el gobierno ejerce un estricto control sobre la economía de sus colonias. Surgió de la idea de que una nación debe tener metales preciosos (oro y plata). Si una nación no tenía minas para obtener esos metales, entonces debía comerciar por ellos. Para que un país como Inglaterra pudiera comerciar por oro y plata, dependía de los recursos en bruto que obtenía de sus colonias. Las colonias eran una fuente de materiales comerciales que la madre patria podía utilizar para intercambiar por metales preciosos.

Para garantizar que la madre patria siempre tuviera acceso a estas materias primas, se prohibió a las colonias comerciar con otras naciones y producir productos manufacturados. Debían seguir dependiendo de la madre patria para que las rutas comerciales establecidas permanecieran abiertas y fueran rentables.

Esas rutas comerciales establecidas pueden simplificarse en el sistema de comercio triangular, que conectaba África Occidental, el Caribe y otras colonias, y Europa. Los esclavos de África Occidental se enviaban a las colonias, y estas enviaban a su vez recursos en bruto a Europa. Era un sistema que beneficiaba enormemente a Europa.

Lo que todo esto significa es que, aunque el Caribe era un componente clave del imperio comercial de Inglaterra, los asentamientos producían sobre todo materias primas, especialmente azúcar. Muchas de las plantaciones caribeñas eran propiedad de terratenientes ausentes que permanecían en Inglaterra, donde disfrutaban de los beneficios de sus plantaciones y de la mano de obra esclava. Otra persona supervisaba el funcionamiento diario de la plantación. El Caribe era un lugar al que los ingleses iban durante unos años para hacer fortuna y luego volvían a casa. No era un lugar donde los colonos se trasladaban para empezar una nueva vida. El Caribe estaba plagado de enfermedades, lleno de piratas y albergaba un cruel sistema de esclavitud, pero todo eso se pasaba por alto por una sencilla razón: daba dinero.

Esclavos cortando caña de azúcar
William Clark, CC0, via Wikimedia Commons:
https://commons.wikimedia.org/wiki/File:Slaves_cutting_the_sugar_cane_-_Ten_Views_in_the_Island_of_Antigua_(1823),_plate_IV_-_BL.jpg

India

Nos hemos centrado bastante en las colonias del otro lado del Atlántico, pero Inglaterra no limitó sus esfuerzos coloniales al Nuevo Mundo. Todavía quedaba mucha riqueza y poder en el Viejo Mundo.

A principios de la era moderna, la India no fue colonizada directamente por Gran Bretaña. El control británico directo no se produciría hasta 1858 con el establecimiento del raj británico. A principios de la era moderna, la presencia británica en la India se limitaba en gran medida al comercio y era obra de una sola compañía: la Compañía Inglesa de las Indias Orientales.

La Compañía Inglesa de las Indias Orientales se creó en 1600. La carta real por la que se creó la compañía le otorgaba el monopolio del comercio en la India, así como en el sudeste y el este de Asia.

La Compañía Inglesa de las Indias Orientales comenzó con el comercio de especias. Al principio, cada viaje comercial se trataba como una inversión independiente. Cada viaje se planificaba y financiaba como una expedición propia. No fue hasta 1657 cuando se creó una acción común permanente. La creación de una acción común significaba que la compañía podía ganar dinero como un todo en lugar de que los individuos invirtieran por separado y se beneficiaran por separado. En otras palabras, la compañía era más bien una entidad única.

Puede que la Compañía Inglesa de las Indias Orientales empezara siendo relativamente pequeña, pero pronto se volvió ambiciosa. El comercio se amplió de las especias al algodón y la seda. Aunque la compañía intentó comerciar en la zona que hoy es Indonesia, fue expulsada por los holandeses. Sin embargo, la compañía logró derrotar a los portugueses en la India en 1612 y obtuvo derechos comerciales con el Imperio mogol. Este hecho hizo que la compañía pasara de Asia Oriental a la India.

En la India, con el acuerdo del Imperio mogol, la Compañía Inglesa de las Indias Orientales estableció puestos comerciales (conocidos como fábricas). Comenzaron entonces a obtener buenos beneficios, lo que provocó que otros comerciantes de Inglaterra se resintieran por el monopolio de la compañía. Hubo varios intentos por parte de otras compañías de hacerse con parte del negocio, pero ninguno de los competidores de la Compañía de las Indias Orientales fue capaz de romper su monopolio. Sin embargo, a finales de la era moderna, el gobierno inglés insistió en que la Compañía de las Indias Orientales se fusionara con sus competidores para crear la Compañía Unida de Comerciantes de Inglaterra. Es un nombre muy largo, pero básicamente era la misma compañía, solo que más grande.

En este punto, la Compañía Inglesa de las Indias Orientales podría parecer simplemente un grupo de mercaderes que comercian pacíficamente con los nativos, pero había algo más detrás de esto. Para asegurarse de que sus monopolios no fueran invadidos por otras naciones, muchos países utilizaron la fuerza para mantener a los nativos comerciando exclusivamente con ellos. A finales del siglo XVII, la Compañía Inglesa de las Indias Orientales lo intentó, pero se encontró con que el Imperio mogol era demasiado fuerte para ser coaccionado. En lugar de asegurar sus derechos comerciales, la compañía perjudicó sus relaciones con el imperio y se vio obligada a construir su propio puerto comercial en Calcuta en 1690. Las fábricas también tuvieron que convertirse en fortalezas.

Esta nueva y más violenta relación con la India acabaría transformando a la Compañía Inglesa de las Indias Orientales, que pasó de ser un grupo de mercaderes interesados en el comercio a una entidad a la altura de un gobierno. La compañía tenía su propio ejército. Podía hacer tratados, aliarse con diferentes grupos y cobrar impuestos. La Compañía Inglesa de las Indias Orientales era la colonización privada en su máxima expresión, pero esta colonización era puramente económica. Los ingleses no estaban interesados en establecerse en la India. Al igual que en el Caribe, el principal objetivo de la presencia inglesa en la India era ganar dinero.

Hacia 1714 y el final de la primera época moderna, el Imperio británico no dejaba de crecer. La mayoría de las colonias británicas tenían como objetivo el beneficio económico, y la riqueza que proporcionaban estas colonias permitiría a Gran Bretaña defender y expandir su imperio durante los siguientes doscientos años. Inglaterra había salido de la época medieval desgarrada por la guerra y el caos tras las guerras de las Rosas. Terminó la edad moderna temprana con un imperio creciente. Gran Bretaña era una potencia mundial.

Conclusión

En la Inglaterra de principios de la Edad Moderna ocurrieron muchas cosas. Las guerras (tanto internas como externas), los cambios religiosos, el Renacimiento, los nuevos descubrimientos y los cambios económicos contribuyeron a transformar Inglaterra durante esta época.

El examen de cada uno de estos aspectos por separado nos ha permitido obtener una visión amplia de lo que ocurrió en la Inglaterra de la primera Edad Moderna, pero también debemos recordar que estos acontecimientos no se produjeron de forma aislada. En un libro, es fácil separar las discusiones sobre los cambios religiosos, la colonización y la estructura social, pero en realidad, todas estas esferas están profundamente entrelazadas.

Tomemos como ejemplo la ejecución de María, reina de Escocia. Este acontecimiento se vio afectado por muchas de las tendencias más amplias que se estaban produciendo. María fue expulsada de Escocia y se refugió en Inglaterra. Aunque políticamente era enemiga de Isabel I, negar el refugio a una monarca compañera habría alterado la idea de la «Gran cadena del ser», al menos a los ojos de Isabel. Los monarcas debían permanecer unidos, o de lo contrario ponían en peligro la idea misma de la monarquía.

Sin embargo, esto puso a Isabel I en un dilema. María, reina de Escocia, era católica y la siguiente en la línea de sucesión al trono inglés. Eso la convertía en un punto de encuentro natural para los católicos de Inglaterra, que aún esperaban revertir la Reforma. También estaba el problema de los españoles. Inglaterra y España estaban en conflicto por la piratería inglesa y los Países Bajos, y María, reina de Escocia, era una forma fácil para los españoles de sembrar complots y, con suerte, desestabilizar la corte inglesa.

Así, cuando Isabel I decidió ejecutar a su prima, lo hizo impulsada por varios factores. María era un problema tanto para los asuntos exteriores de Inglaterra como para la paz religiosa interna. Sin embargo, Isabel I aún necesitaba demostrar su creencia en la «Gran cadena del ser». Ejecutar a otro monarca desbarataba la idea de que los monarcas eran designados divinamente. Entonces, ¿qué hizo Isabel I?

Isabel I firmó la orden de muerte de María, pero no ordenó que se enviara a la Torre para su ejecución. Su secretario, William Davison, envió la orden sin sus órdenes explícitas. María, que había sido una espina en el costado de Isabel I, se quitó de en medio, pero Isabel pudo alegar que no había ordenado su muerte. Davison asumió la culpa, y fue detenido y encarcelado. Sin embargo, pronto fue liberado discretamente, lo que hizo suponer a la mayoría de la gente que todo formaba parte del plan de Isabel.

Este acontecimiento nos muestra una visión de cómo todas las diferentes áreas de la Inglaterra moderna temprana se combinaron para dar forma al país en esta época. La decisión de ejecutar a María surgió de las tensiones religiosas, de los conflictos con el extranjero y también de meros asuntos políticos.

La ejecución de María, reina de Escocia, no es ni mucho menos el único acontecimiento con tantas facetas. La Revolución Gloriosa supuso el rechazo definitivo al catolicismo y también demostró cómo se derrumbaba la ideología de la «Gran cadena del ser». La ruptura con la Iglesia católica romana solo fue posible gracias a los cambios religiosos más amplios que se produjeron en Europa, pero se produjo en gran medida por razones políticas, concretamente por la desesperación de Enrique VIII por tener un heredero varón. Clasificamos estos acontecimientos en categorías, pero la realidad es más bien una mezcla de factores.

Las tendencias más amplias que crean estos acontecimientos también están entrelazadas. El comercio no solo impulsó la economía nacional en general, sino que también aportó una mayor estabilidad relativa a una economía que antes era únicamente agrícola y, por tanto, estaba sujeta al estado de ánimo. La importancia del comercio empujó a Inglaterra a querer formar parte de la colonización, especialmente cuando la principal exportación inglesa, la lana, empezó a estancarse. La construcción del imperio de Inglaterra llevó a conflictos con naciones extranjeras, y el éxito de Inglaterra en esos conflictos es lo que le permitió seguir construyendo su imperio.

La Reforma es otro movimiento cuyo impacto fue más allá de la religión. La disolución de los monasterios obligó a Inglaterra a idear otra forma de atender a los pobres, y el aumento de la pobreza impulsó a mucha gente a trasladarse al Nuevo Mundo. El fracaso en la conversión de Irlanda a la nueva religión conduciría a un aumento de las tensiones entre Inglaterra e Irlanda. El conflicto con Irlanda llevó a Inglaterra al borde de la guerra civil. La Reforma también desencadenó un creciente temor al papismo, que finalmente condujo a la Revolución Gloriosa.

La cuestión es que todo está conectado. Podemos estudiar la Inglaterra de la Edad Moderna desde la perspectiva de la religión, la política, la estructura social, los asuntos exteriores, etc., pero nunca debemos perder de vista que todos estos aspectos forman parte de una única historia. La Inglaterra moderna temprana fue una época de grandes cambios. Fue testigo de la transformación religiosa, del comienzo de un imperio, de la centralización del gobierno, del crecimiento del poder del Parlamento, del declive de la monarquía, de la creciente riqueza de los ricos junto a una clase pobre cada vez más numerosa, del aumento de la educación y de las carreras profesionales, y de mucho más.

Todos estos cambios se combinaron para que Inglaterra pasara de ser una sociedad medieval a los inicios de la sociedad moderna que hoy conocemos. El periodo comprendido entre 1485 y 1714 fue el inicio de una nueva dirección para Inglaterra y el mundo, por lo que, en muchos sentidos, merece el nombre de Inglaterra de la *Edad Moderna*.

Vea más libros escritos por Enthralling History

Bibliografía

"13 Colonies: Facts, Information, Colonies & History". Revolutionary War, 4 de marzo de 2020. https://www.revolutionary-war.net/13-colonies/.

Admin. "Shakespeare's Works". Shakespeare's Works. Folger Shakespeare Library, 13 de abril de 2020. https://www.folger.edu/shakespeares-works.

Ashley, M. and Morrill, John S. "Oliver Cromwell". Encyclopedia Britannica, 30 de agosto de 2021. https://www.britannica.com/biography/Oliver-Cromwell.

Bowen, Lloyd. "Information, Language and Political Culture in Early Modern Wales". Past & Present, no. 228 (1 de agosto de 2015): 125–58. https://search.ebscohost.com/login.aspx?direct=true&AuthType=ip,shib&db=edsjsr&AN=edsjsr.24544897&site=eds-live&scope=site.

Bradford, E. and Fernández-Armesto, Felipe. "Sir Francis Drake". Encyclopedia Britannica, 24 de enero de 2022. https://www.britannica.com/biography/Francis-Drake.

Brain, Jessica. "Timeline of the British Empire". Historic UK, 8 de febrero de 2019. https://www.historic-uk.com/HistoryUK/HistoryofBritain/Timeline-Of-The-British-Empire/.

Brain, Jessica. "Titus Oates and the Popish Plot". Historic UK. Consultado el 25 de mayo de 2022. https://www.historic-uk.com/HistoryUK/HistoryofEngland/Titus-Oates-Popish-Plot/.

Britannica, T. Editors of Encyclopedia. "American Colonies". Encyclopedia Britannica, 19 de octubre de 2021. https://www.britannica.com/topic/American-colonies.

Britannica, T. Editors of Encyclopedia. "Anglo-Dutch Wars". Encyclopedia Britannica, 13 de diciembre de 2021. https://www.britannica.com/event/Anglo-Dutch-Wars.

Britannica, T. Editors of Encyclopedia. "Anne". Encyclopedia Britannica, 2 de febrero de 2022. https://www.britannica.com/biography/Anne-queen-of-Great-Britain-and-Ireland.

Britannica, T. Editors of Encyclopedia. "Book of Sports". Encyclopedia Britannica, 14 de febrero de 2022. https://www.britannica.com/topic/Book-of-Sports.

Britannica, T. Editors of Encyclopedia. "British Empire". Encyclopedia Britannica, 13 de marzo de 2022. https://www.britannica.com/place/British-Empire.

Britannica, T. Editors of Encyclopedia. "Clarendon Code". Encyclopedia Britannica, 3 de marzo de 2021. https://www.britannica.com/event/Clarendon-Code.

Britannica, T. Editors of Encyclopedia. "East India Company". Encyclopedia Britannica, 12 de febrero de 2021. https://www.britannica.com/topic/East-India-Company.

Britannica, T. Editors of Encyclopedia. "Great Chain of Being". Encyclopedia Britannica, 10 de diciembre de 2021. https://www.britannica.com/topic/Great-Chain-of-Being.

Britannica, T. Editors of Encyclopedia. "Gunpowder Plot". Encyclopedia Britannica, 13 de diciembre de 2021. https://www.britannica.com/event/Gunpowder-Plot.

Britannica, T. Editors of Encyclopedia. "Hudson's Bay Company". Encyclopedia Britannica, May 7, 2020. https://www.britannica.com/topic/Hudsons-Bay-Company.

Britannica, T. Editors of Encyclopedia. "King James Version". Encyclopedia Britannica, 2 de febrero de 2021. https://www.britannica.com/topic/King-James-Version.

Britannica, T. Editors of Encyclopedia. "Mary II". Encyclopedia Britannica, 24 de diciembre de 2021. https://www.britannica.com/biography/Mary-II.

Britannica, T. Editors of Encyclopedia. "Massachusetts Bay Colony". Encyclopedia Britannica, 6 de junio de 2021. https://www.britannica.com/place/Massachusetts-Bay-Colony.

Britannica, T. Editors of Encyclopedia. "Mercantilism". Encyclopedia Britannica, 13 de mayo de 2020. https://www.britannica.com/topic/mercantilism.

Britannica, T. Editors of Encyclopedia. "Peerage". Encyclopedia Britannica, 6 de septiembre de 2019. https://www.britannica.com/topic/peerage.

Britannica, T. Editors of Encyclopedia. "Poor Law". Encyclopedia Britannica, 19 de mayo de 2020. https://www.britannica.com/event/Poor-Law.

Britannica, T. Editors of Encyclopedia. "Printing Press". Encyclopedia Britannica, 1 de octubre de 2021. https://www.britannica.com/technology/printing-press.

Britannica, T. Editors of Encyclopedia. "Puritanism". Encyclopedia Britannica, 15 de mayo de 2020. https://www.britannica.com/topic/Puritanism.

Britannica, T. Editors of Encyclopedia. "Renaissance". Encyclopedia Britannica, 30 de marzo de 2022. https://www.britannica.com/event/Renaissance.

Britannica, T. Editors of Encyclopedia. "Short Parliament". I, 23 de junio de 2019. https://www.britannica.com/topic/Short-Parliament.

Britannica, T. Editors of Encyclopedia. "Southwark". Encyclopedia Britannica, 10 de abril de 2014. https://www.britannica.com/place/Southwark-London.

Britannica, T. Editors of Encyclopedia. "Spanish Armada". Encyclopedia Britannica, 5 de febrero de 2021. https://www.britannica.com/topic/Armada-Spanish-naval-fleet.

Britannica, T. Editors of Encyclopedia. "Toleration Act". Encyclopedia Britannica, 17 de mayo de 2022. https://www.britannica.com/event/Toleration-Act-Great-Britain-1689.

Britannica, T. Editors of Encyclopedia. "War of the Grand Alliance". Encyclopedia Britannica, 13 de diciembre de 2016. https://www.britannica.com/event/War-of-the-Grand-Alliance.

Britannica, T. Editors of Encyclopedia. "War of the Spanish Succession". Encyclopedia Britannica, 26 de febrero de 2021. https://www.britannica.com/event/War-of-the-Spanish-Succession.

Bucholz, Robert, and Newton Key. Early Modern England 1485-1714: A Narrative History. 2nd ed. Chichester, West Sussex: Wiley-Blackwell, 2009.

Burton, I. F. "John Churchill, 1st Duke of Marlborough". Encyclopedia Britannica, 14 de junio de 2021. https://www.britannica.com/biography/John-Churchill-1st-duke-of-Marlborough.

Carter, H., Gruffudd Pyrs, and Smith, Beverley. "Wales". Encyclopedia Britannica, 30 de noviembre de 2021. https://www.britannica.com/place/Wales.

Castelow, Ellen. "The Pendle Witches". Historic UK. Consultado el 26 de mayo de 2022. https://www.historic-uk.com/CultureUK/The-Pendle-Witches/.

Clark, James. The Dissolution of the Monasteries: A New History. New Haven: Yale University Press, 2021. https://search.ebscohost.com/login.aspx?direct=true&AuthType=ip,shib&db=nlebk&AN=3047017&site=eds-live&scope=site.

Clarke, C. Graham and Brereton, Bridget M. "West Indies". Encyclopedia Britannica, 26 de mayo de 2022. https://www.britannica.com/place/West-Indies-island-group-Atlantic-Ocean.

"Colonization". The Canadian Encyclopedia. Consultado el 14 de junio de 2022. https://www.thecanadianencyclopedia.ca/en/timeline/colonization-and-immigration.

Coops, Oliver. "Cornish Rebellion of 1497". Historic UK. Consultado el 31 de mayo de 2022. https://www.historic-uk.com/HistoryUK/HistoryofEngland/Cornish-Rebellion-1497/.

Crowther, David. "Robert Kett's Petition, 1549". The History of England, 27 de mayo de 2020. https://thehistoryofengland.co.uk/resource/robert-ketts-petition-1549/.

Dickson, Andrew. "Key Features of Renaissance Culture". British Library, 30 de marzo de 2017. https://www.bl.uk/shakespeare/articles/key-features-of-renaissance-culture.

Dikshit, K., Schwartzberg, Joseph E., Srivastava, A. L., Spear, T. G. Percival, Wolpert, Stanley A., Thapar, Romila, Calkins, Philip B., Alam, Muzaffar, Subrahmanyam, Sanjay, Champakalakshmi, R., and Allchin, Frank Raymond. "India". Encyclopedia Britannica, 8 de junio de 2022. https://www.britannica.com/place/India.

"Divine Right of Kings". Divine Right of Kings - New World Encyclopedia. Consultado el 15 de febrero de 2022. https://www.newworldencyclopedia.org/entry/Divine_Right_of_Kings.

Edwards, R. Walter Dudley, Boland, Frederick Henry, Kay, Sean, Fanning, Ronan and Ranelagh, John O'Beirne. "Ireland". Encyclopedia Britannica, 8 de junio de 2022. https://www.britannica.com/place/Ireland.

Elton, G. R., and Morrill, John S. "Henry VIII". Encyclopedia Britannica, 24 de enero de 2022. https://www.britannica.com/biography/Henry-VIII-king-of-England

Fraser, A. "Mary". Encyclopedia Britannica, 4 de febrero de 2022. https://www.britannica.com/biography/Mary-queen-of-Scotland.

Grant, R. "Raid on the Medway". Encyclopedia Britannica, 5 de junio de 2021. https://www.britannica.com/event/Raid-on-the-Medway.

Harris, L. and Hiller, James. "Newfoundland and Labrador". Encyclopedia Britannica, A6 de abril de 2021. https://www.britannica.com/place/Newfoundland-and-Labrador.

Heisch, Allison. "Queen Elizabeth I: Parliamentary Rhetoric and the Exercise of Power". Signs 1, no. 1 (1975): 31–55. http://www.jstor.org/stable/3172965.

Heydenreich, L. Heinrich. "Leonardo da Vinci". Encyclopedia Britannica, 28 de abril de 2022. https://www.britannica.com/biography/Leonardo-da-Vinci.

Hiller, J. and Harris, Leslie. "Newfoundland and Labrador". Encyclopedia Britannica, 6 de abril de 2021. https://www.britannica.com/place/Newfoundland-

and-Labrador.

Hogeback, J. "The Lost Colony of Roanoke". Encyclopedia Britannica, 13 de junio de 2022. https://www.britannica.com/story/the-lost-colony-of-roanoke.

Johnson, Ben. "Dissolution of the Monasteries". Historic UK. Consultado el 24 de mayo de 2022. https://www.historic-uk.com/HistoryUK/HistoryofEngland/Dissolution-of-the-Monasteries/.

Kenyon, J. P. "James II". Encyclopedia Britannica, 10 de octubre de 2021. https://www.britannica.com/biography/James-II-king-of-England-Scotland-and-Ireland.

Lewis, A. D. E., Glendon, Mary Ann and Kiralfy, Albert Roland. "Common Law". Encyclopedia Britannica, 30 de octubre de 2020. https://www.britannica.com/topic/common-law.

Macleod, I. C., Cameron, Ewen A., Brown, Alice and Moulton, Matthew James. "Scotland". Encyclopedia Britannica, 6 de octubre de 2021. https://www.britannica.com/place/Scotland.

Marty, M. E., Bainton, Roland H., Spalding, James C., Nelson, E. Clifford and Chadwick, W. Owen. "Protestantism". Encyclopedia Britannica, 7 de marzo de 2022. https://www.britannica.com/topic/Protestantism.

Mattingly, Garrett. "No Peace Beyond What Line?". Transactions of the Royal Historical Society 13 (1963): 145–62. https://doi.org/10.2307/3678733.

Mathew, D. "James I". Encyclopedia Britannica, 15 de junio de 2021. https://www.britannica.com/biography/James-I-king-of-England-and-Scotland.

McMullan, John L. "CRIME, LAW AND ORDER IN EARLY MODERN ENGLAND". The British Journal of Criminology 27, no. 3 (1987): 252–74. http://www.jstor.org/stable/23637302.

Meigs, Samantha A., and Stanford E. Lehmberg. The Peoples of the British Isles: A New History: From Prehistoric Times to 1688. 4th ed. New York: Oxford University Press, 2016.

Mills, G. E.M. and Momsen, Janet D. "Saint Kitts and Nevis". Encyclopedia Britannica, March 10, 2021. https://www.britannica.com/place/Saint-Kitts-and-Nevis.

Morrill, J. S. "Edward Hyde, 1st Earl of Clarendon". Encyclopedia Britannica, 14 de febrero de 2022. https://www.britannica.com/biography/Edward-Hyde-1st-Earl-of-Clarendon.

Morrill, J. S. "Edward VI". Encyclopedia Britannica, 8 de octubre de 2021. https://www.britannica.com/biography/Edward-VI.

Morrill, J. S. and Greenblatt, Stephen J. "Elizabeth I". Encyclopedia Britannica, 20 de marzo de 2022. https://www.britannica.com/biography/Elizabeth-I.

Myers, A. Reginald and Morrill, John S. "Henry VII". Encyclopedia Britannica, 24 de enero de 2022. https://www.britannica.com/biography/Henry-VII-king-of-England.

Ohlmeyer, J. H. "English Civil Wars". Encyclopedia Britannica, 30 de noviembre de 2021. https://www.britannica.com/event/English-Civil-Wars.

Ravenhill, W., Barr, Nicholas A., Colley, Linda J., Gilbert, Bentley Brinkerhoff, Frere, Sheppard Sunderland, Chaney, William A., Spencer, Ulric M., Josephson, Paul R., Kellner, Peter, Hastings, Margaret, Kishlansky, Mark A., Joyce, Patrick, Briggs, Asa, Whitelock, Dorothy, Smith, Lacey Baldwin, Prestwich, Michael Charles, Morrill, John S. and Atkins, Ralph Charles. "United Kingdom". Encyclopedia Britannica, 7 de junio de 2022. https://www.britannica.com/place/United-Kingdom.

Roseveare, H. Godfrey. "Charles II". Encyclopedia Britannica, 2 de febrero de 2022. https://www.britannica.com/biography/Charles-II-king-of-Great-Britain-and-Ireland.

Simons, E. Norman. "Mary I". Encyclopedia Britannica, 14 de febrero de 2022. https://www.britannica.com/biography/Mary-I.

Spencer, T. John Bew, Brown, John Russell and Bevington, David. "William Shakespeare". Encyclopedia Britannica, 17 de diciembre de 2021. https://www.britannica.com/biography/William-Shakespeare.

Stone, Lawrence. 1949. "Elizabethan Overseas Trade". The Economic History Review 2 (1): 30–58. doi:10.2307/2590080.

Stuart, Charles I. THF KINGS SPEECH To both Houses of Parliament, the fifth of Iuly, 1641; Ann Arbor: Text Creation Partnership, 2022. https://quod.lib.umich.edu/e/eebo/A32124.0001.001/1:2?rgn=div1;view=fulltext.

"The British West Indies". The British Empire in The Caribbean: The British West Indies. Consultado el 14 de junio de 2022. https://www.britishempire.co.uk/maproom/caribbean.htm.

"The Thirteen American Colonies". We the People. Consultado el 13 de junio de 2022. https://wethepeople.scholastic.com/grade-4-6/thirteen-american-colonies.html.

"Witchcraft - UK Parliament". UK Parliament. Consultado el 26 de mayo de 2022. https://www.parliament.uk/about/living-heritage/transformingsociety/private-lives/religion/overview/witchcraft/.

Wolfe, Brendan. "Roanoke Colonies, The". Encyclopedia Virginia, 24 de mayo de 2022. https://encyclopediavirginia.org/entries/roanoke-colonies-the/.

www.ingramcontent.com/pod-product-compliance
Lightning Source LLC
Chambersburg PA
CBHW070330010526
44107CB00004B/478